Der Geschmack von Lebertran

Eine Kindheit in den 50er-Jahren

Cornelia Ertmer

1. Auflage November 2018

©2018 OCM GmbH, Dortmund

Gestaltung, Satz und Herstellung:
OCM GmbH, Dortmund

Verlag:
OCM GmbH, Dortmund, www.ocm-verlag.de

ISBN 978-3-942672-63-4

Bibliografische Information der Deutschen Nationalbibliothek

Die Deutsche Nationalbibliothek verzeichnet diese Publikation in der Deutschen Nationalbibliografie; detaillierte bibliografische Daten sind im Internet über **http://dnb.d-nb.de** abrufbar.

Inhalt

Litanei 1
Sei ein liebes Kind.
Hör auf zu quengeln.
Sei ruhig.
Sitz still.
Geh spielen.

Litanei 2
Widersprich nicht.
Renn nicht.
Benimm dich anständig.
Sei brav.
Nimm ein Taschentuch.
Popel nicht in der Nase.
Spuck nicht.
Rotz nicht.
Das gehört sich nicht.
Das macht ein Mädchen nicht.
Räum deine Sachen auf.
Lass das.

Litanei 3
Wasch dir die Hände vor dem Essen.
Iss deinen Teller leer.
Es wird gegessen, was auf den Tisch kommt.
Schmatz nicht.
Halt die Hände auf dem Tisch.
Führ den Löffel zum Mund.
Mit vollem Mund spricht man nicht.
Sitz gerade.

Litanei 4

Pass auf, wo du deine Füße hinsetzt.
Halt den Mund.
Fass das nicht an.
Nimm doch Rücksicht.
Frag nicht.

Litanei 5

Ärger deine Schwester nicht.
Sei nicht eifersüchtig.
Geh in dein Zimmer.
Sei gehorsam.
Schreib dir das hinter die Ohren.
Sei fleißig.

Litanei 6

Sei nicht so baselig.
Sei vorsichtig.
Stell dich nicht so an.
Reiß dich zusammen.

Keine Litanei 7

Steh auf.
Beeil dich.
Putz die Zähne.
Pack die Schultasche.
Vergiss nichts.
Lies nicht so viel.
Mach deine Schulaufgaben.
Mach das Licht aus und schlaf.

Das Kind im Brunnen

Es ist ein Tag im späten Frühling, feucht, nicht kalt, nicht warm, der Himmel bedeckt. Die Mutter hat schon einen ziemlich dicken Bauch. Seit die Mutter einen dicken Bauch hat, ist sie oft müde, schlecht gelaunt. Das Kind soll leise spielen, sagt die Mutter. Sie hat Kopfschmerzen. Das Kind spielt leise, holt die Töpfe aus dem Regal in der Kammer neben der Küche, spielt Topfschlagen. Die Mutter schreit, hör auf, nennst du das leise? Das Kind versteht nicht. Es ist zwei Jahre alt. Es kann schon sprechen, begreift viele Wörter, begreift aber die Mutter nicht. Das Kind weint.

Es hört, wie die Mutter aufsteht. Die Mutter sagt, sie wolle Marie holen, sie komme gleich wieder. Das Kind solle brav sein. Das Kind ist brav und wartet. Es hört, wie die Mutter die Wohnungstür aufmacht, die Treppe hinuntergeht, langsam, mit dem dicken Bauch. Dann klackt die Haustür. Kurze Zeit später hört das Kind die Haustür erneut klacken. Die Mutterschritte kommen die Treppe hoch, leichtere Schritte begleiten sie. Marie! Das Kind freut sich. Marie. Mit ihr darf es nach draußen, in den Garten der Nachbarn, laufen, rennen, springen, hüpfen.

Dann steht Marie in der Tür. Komm, lockt sie, wir gehen nach draußen, spielen. Das Kind schaut die Mutter an. Die Mutter nickt und holt die Jacke von der Garderobe. Die Mutter will dem Kind beim Anziehen der Jacke helfen. Kann schon alleine, wehrt es sich und zieht eine Schnute. Marie lacht, ich habe Zeit, mach du nur. Die Mutter legt sich wieder auf das Sofa.

Marie und das Kind hüpfen Hand in Hand die Treppe hinunter, Marie öffnet die Haustür, das Kind hilft dabei. Oh wie schwer ist die Tür, die Tür nach draußen.

Marie und das Kind überqueren die Straße vor dem Haus. Die Straße ist leer. Keine Menschen, keine Autos. Die Straße endet in den Feldern.

Das Haus, in dem Marie wohnt, ist groß und hat ganz viele Fenster. Manchmal spiegelt sich die Sonne in den Fenstern. Manchmal. Manchmal riecht die Luft komisch. Manchmal ist der Himmel rot, auch am Tag. Jetzt backen die Engel im Himmel Plätzchen, sagt die Mutter dann.

In dem Haus wohnen ganz viele Familien. Der Garten um das Haus herum ist durch einen breiten Schotterweg in zwei Hälften geteilt. Rechts und links sind mit grünen Büschen eingefasste Beete, dazwischen geharkte Wege, man kann noch die Spuren des Drahtbesens erkennen. Tapp, tapp, tapp, setzt das Kind seine kleinen Füße in das Muster und macht die schnurgeraden Rillen kaputt. Ein neues Muster. Tapp, tapp, tapp. Bald ist ein Weg mit vielen kleinen Füßen getrappelt.

Das Kind sieht sich um. Auf den Beeten stehen Rosen, die piken, das weiß es, deshalb nur vorsichtig anfassen. Die Rosen blühen noch nicht. Aber es gibt auch Pflanzen, die ganz unterschiedliche Gerüche ausströmen. Das sind Kräuter, sagt Marie, schnupper mal, wie das duftet.

Die Namen der Kräuter weiß Marie nicht, aber es riecht gut. Das Kind springt zum nächsten Beet. Da sind so schöne Blumen drauf, gelbe und blaue. Wie die Farben leuchten. Das Kind streicht vorsichtig mit den Fingerkuppen über die Blüten. Es hockt sich hin, um die Blumen von Nahem zu betrachten. Ein Käfer

Das Kind im Brunnen

krabbelt in einer Blüte herum. Da, ein merkwürdiges Tier, lang und dünn. Es ringelt sich durch die Erde. Das ist ein Regenwurm, sagt Marie. Regenwurm, wiederholt das Kind. Es wird neugierig.

Was macht ein Regenwurm?

Was frisst ein Regenwurm?

Erde?

Das Kind will es nicht glauben. Es fährt mit den Fingern ins Beet und nimmt ein wenig Erde zwischen Daumen und Zeigefinger, steckt die Erde in den Mund. Es fühlt sich ein wenig sandig an, ein wenig wie Brei, und schmeckt merkwürdig, nicht besonders angenehm. Das Kind spuckt.

Na, sagt Marie, du bist doch kein Regenwurm, und wischt dem Kind den Mund mit einem Taschentuch ab. Das Kind spuckt die Erdkrümel hinein und wiederholt mehrfach das neue Wort, Regenwurm, wobei es das u und das m ganz lang zieht: Regenwuuuuuuemmmmmmm. Der Regenwurm kitzelt auf den Lippen und in der Nase. Das macht Spaß. Regenwuuuuuemmmm, Regenwuuuuuemmmm wiederholt das Kind und hüpft fröhlich den Weg entlang.

Komm, fang mich, ruft Marie und rennt von dem Kind weg. Das Kind läuft juchzend hinterher, die Ärmchen ausgestreckt. Doch immer, wenn es glaubt, Marie erwischt zu haben, ist diese wieder ein Stück voraus. Dem Kind wird warm vom Laufen. Dann dreht Marie sich plötzlich um: Wer kommt in meine Arme? Jubelnd stürzt sich das Kind dem Mädchen entgegen, wird aufgefangen, herumgeschleudert. Das macht Spaß.

Marie! Da ruft jemand. Marie sieht sich um und winkt. Am Eingang des Gartens steht ein Mädchen, so groß wie Marie. Warte hier, sagt Marie zu dem Kind, ich komme sofort zurück, und läuft zu dem Mädchen.

Das Kind wartet. Es sieht sich um. Eine niedrige Hecke umgibt den Garten. Im Garten gibt es ganz viele Beete. Zwischen den Beeten sind viele schmale sandige Wege. Einen Sandkasten und Spielgeräte gibt es nicht. Dem Kind wird langweilig. Es läuft hierhin und dorthin über die sandigen Wege.

Am Ende des Gartens steht ein Holzzaun. Neugierig geht das Kind um den Holzzaun herum. Da steht ein großer Behälter voller Gartenabfälle. Das Kind will von oben in den Abfallbehälter schauen. Aber er ist zu hoch. Neben dem Abfallbehälter liegen flache, rechteckige Steine. Das Kind holt sich einen Stein und noch einen Stein und noch einen, setzt alle aufeinander und stellt sich obendrauf. Nun kann es schauen. Was da alles liegt! Kleine Äste, Blätter von Blumen, Küchenabfälle, braun und matschig. Die findet das Kind ein wenig eklig. Nicht anfassen. Das Kind steigt von den Steinen herunter.

Wo ist Marie? Das Kind läuft um den Zaun herum zurück in den Garten. Keine Marie.

Marie, ruft es, Marie, bist du da?

Aber Marie hört nicht. Das Kind will weinen. Aber es weint nicht. Es geht zu den schönen Blumen und dem Regenwurm. Der Regenwurm ist weg. Die Blumen sind noch da.

Blumen müssen immer gegossen werden, erinnert sich das Kind. Schon oft hat es mit der Nachbarin die Blumen gegossen, mit einer Gießkanne. Eine Gießkanne findet das Kind nicht, aber einen kleinen Topf. Das Kind nimmt den Topf und marschiert zur Regentonne. Die Regentonne ist so hoch wie der Abfallbehälter. Das Kind kommt nicht heran. Die Steine liegen noch da.

Das Kind schleppt die Steine zur Regentonne und schichtet sie aufeinander, stellt sich auf die Steine. In den letzten Tagen hat es geregnet, die Regentonne ist aber nicht ganz voll. Das Kind muss sich weit vorbeugen, um den Topf ins Wasser zu tauchen. Es verliert das Gleichgewicht und fällt in die Regentonne. Das Wasser ist kalt. Das Kind hält vor Schreck den Atem an. Dann hört es ein Rauschen und ein Gluckern. Dann nichts mehr.

Viel später liest das Kind in einem Brief, den die Mutter am Abend dieses Tages an ihre ältere Schwester geschrieben hat: Kannst du dir vorstellen, welch einen Schreck ich ausgestanden habe, als es plötzlich an der Wohnungstür klingelte und mir die Nachbarin auf ausgestreckten Armen das tropfnasse, leblose Kind hinhielt? Nun liegt es gebadet und warm eingepackt in seinem Bettchen. Gottlob ist noch einmal alles gut gegangen.

Nach Hause

Da steht er. Der Mann. Der Vati. Er lächelt freundlich. Das Kind lächelt vorsichtig zurück. Der Mann hockt sich hin und breitet die Arme aus. Komm. Das Kind zögert, macht einen kleinen Schritt, bleibt stehen, sieht die Tante an.

Die nickt aufmunternd. Na los, der Vati ist da und will dich wieder mit nach Hause nehmen. Nach Hause zur Mutti und dem neuen Baby. Das hab ich dir doch erzählt. Du hast ein Schwesterchen bekommen.

Das Kind denkt nach. Aber alles ist so weit weg, so lange her. Nach Hause. Nach Hause? Das Kind beginnt zu weinen. Hier bleiben. Es klammert sich an die Küchenschürze der Tante, schaut den Vater an. Aus sicherem Abstand. Es ist schon so lange bei der Tante, dass es sich kaum noch erinnern kann. Außerdem war es lange krank. Es weiß noch, dass die Tante ihm nicht erlaubt hatte, aufzustehen. Immerzu musste es im Bett bleiben.

Der ganze Körper hatte gebrannt und gejuckt, der Kopf tat weh. Manchmal wusste es nicht einmal mehr, wo es war. Und nun steht dieser Mann da vor ihm. Der Vati.

Ob das Kind sich an seine Besuche erinnern kann? Vor zwei Wochen noch war er da. Das Kind überlegt angestrengt. Ja, da hatte jemand an seinem Bettchen gestanden. Das war also der Vati gewesen. Und wo ist die Mutti? Die Mutti, die einen dicken Bauch bekommen hatte und deshalb nicht mehr mit ihm spielen konnte.

Plötzlich erinnert sich das Kind wieder an die Wohnung, an den dunklen Flur, das kleine Zimmer mit der

Dachluke, in dem sein Bettchen stand, an das Wohnzimmer mit dem Ofen und den vielen Möbeln, die kaum Platz zum Spielen ließen.

Na komm, sagt die Tante fröhlich. Gib dem Vati mal einen Kuss. Iiih, die Bartstoppeln kitzeln. Das Kind kichert. Der Vater strahlt es an und drückt es an sich.

Na dann pack ich schon mal die Sachen ins Auto, sagt die Tante resolut und greift nach der Tasche mit den Anziehsachen des Kindes.

Das Kind gerät in Panik. Nein, nein, ich will hier bleiben. Vati kann wiederkommen. Nein, hierbleiben. Das Kind schluchzt wieder. Der Vater seufzt.

Kleines, die Mutti und das neue Baby warten doch zu Hause auf dich. Du bist jetzt die Große. Du hast eine kleine Schwester. Wenn du willst, darfst du sie auch einmal auf den Arm nehmen. Und die Mutti hat doch auch Sehnsucht nach ihrer großen Tochter. So lange warst du weg. Wir konnten doch nicht ahnen, dass du nacheinander die Masern und eine Lungenentzündung bekommst. Für das Baby wäre das zu gefährlich gewesen. Aber jetzt bist du ja wieder gesund.

Der Vater redet und redet. Das Kind hört nicht richtig zu. Es möchte bei der Tante bleiben, bei Cousin und Cousine, im großen Garten verstecken spielen, auf der Schaukel schaukeln, im Sandkasten köstliche Sandkuchen backen.

Und die kleine Tante. Sie möchte so gern mit dir wieder alle Tiere im Tierpark besuchen. Und Marie hat auch schon nach dir gefragt. Der Vater spricht immer weiter.

Lasst uns einen Ausflug machen, sagt die Tante mitten in einen Schluchzer des Kindes hinein.

Ein Ausflug. Das Kind ist elektrisiert. Ausflüge liebt das Kind über alles. Egal, ob in die Stadt oder in den Wald, ob zu Fuß oder mit dem Fahrrad oder, zu Hause, mit der Straßenbahn. So viel gibt es immer zu sehen und zu erleben. Oh ja. Ein Ausflug.

Bereitwillig streckt das Kind die Ärmchen in die Ärmel der Jacke, die die Tante ihm hinhält. Der Vater zieht ihm die Schuhe an und knüpft eine Schleife.

An der Hand des Vaters hüpft das Kind fröhlich die Treppe hinunter. Die Tränen sind getrocknet.

Der Vater nestelt den Autoschlüssel aus der Manteltasche, schließt erst die Fahrertür auf, dann die Beifahrertür. Die Tante will dem Kind beim Einsteigen helfen. Kann selber. Dem Kind kann es nicht schnell genug gehen, Sitzlehne nach vorn klappen, reinkrabbeln, Sitzlehne zurückklappen, schön ordentlich hinsetzen.

Die Tante setzt sich neben den Vater auf den Beifahrersitz. Der Vater startet den Motor. Das findet das Kind spannend. Es ist erst einmal Auto gefahren, im Sommer, als die Eltern es zur Tante gebracht haben.

Der Motor brummt, der Vater fährt das Auto rückwärts aus der Einfahrt heraus auf die Straße. Er fährt langsam. Er fährt in die Stadt, durch das Stadttor. Das Kind schaut aus dem Fenster. Dann bremst der Vater, hält am Straßenrand vor einem Geschäft.

Ich muss nur kurz noch etwas besorgen, sagt die Tante, springt aus dem Wagen, schlägt die Beifahrertür zu. Der Vater gibt Gas.

Das Kind schreit, rüttelt an der Sitzlehne des Beifahrersitzes. Die Tante ist weg.

Das Kind heult Rotz und Wasser. Der Vater fährt und fährt. Irgendwann schläft das Kind ein, erschöpft vom Schreien, erschöpft vom Kummer.

Nach Hause

Als der Vater den Motor ausstellt, wacht es auf. Wir sind zu Hause, sagt der Vater betont munter. Das Kind krabbelt aus dem Auto. Es fühlt sich schwach, will nicht laufen. Der Vater trägt das Kind die drei Treppen hoch zur Dachwohnung.

Zu Hause. Das ist die Dachwohnung mit dem neuen Baby, das die Mutter im Arm hält, als der Vater die Wohnungstür aufschließt. Das Kind dreht sich weg und umklammert den Hals des Vaters. Die Mutter hat ja jetzt das Baby.

Zu Hause. Das ist das große Bett, in dem das Kind von nun an schlafen muss. Das große Bett steht in der Abseite, einem schmalen Raum ohne Fenster, in dem gerade Platz genug ist für ein Bett. In dem Gitterbett, in dem das Kind vorher geschlafen hat, schläft das neue Baby.

Sammeltassen

Die kleine Tante kommt oft, fast täglich. Mit der kleinen Tante darf das Kind hinaus in die Felder, im Sommer Klatschmohn und Kornblumen pflücken, im Winter Engel in den Schnee malen.

Die kleine Tante heißt kleine Tante, weil sie ganz klein ist, viel kleiner als die Mutter und der Vater. Und die sind auch nicht so groß. Jedenfalls ist die Oma größer.

Die Tante ist klein und hat ganz krumme Beine. Von der vielen schweren Arbeit auf dem Bauernhof, sagt der Vater.

Die Tante ist nicht verheiratet und hat, als sie noch arbeiten konnte, als Magd gearbeitet. Sie musste das Vieh füttern und bei der Ernte helfen. Nun ist die Tante alt und arbeitet nicht mehr. Sie kommt nur noch zu Besuch.

Die Tante wohnt mitten in der großen Stadt in einer kleinen Wohnung unter dem Dach. Die Wohnung hat eine Wohnküche, dahinter ein kleines Schlafzimmer, ein winziges Wohnzimmer und sogar ein Bad mit einer richtigen Badewanne und einer Toilette.

Das ist Luxus, sagt die Tante immer und lächelt dabei.

Fast ihr ganzes Leben lang hat sie auf dem Bauernhof auf ein Plumpsklo hinter dem Stall gehen müssen. Wenigstens war es da nicht so kalt, weil die Tiere Wärme abgaben, hat sie dem Kind erklärt. Jetzt muss sie nur noch durch die Wohnküche und über den Flur laufen. Sogar im Winter kann sie nur in Schlappen und Nachthemd auf die Toilette.

Das Wohnzimmer der Tante ist ein besonderer Raum. Der wird nie benutzt, außer wenn die Mutter und das Kind zu Besuch kommen. Dann setzen sich die kleine Tante und die Mutter in die Plüschsessel, die um den kleinen runden Tisch mit dem Korbgeflecht und der Glasplatte stehen, und die Tante holt aus der Anrichte, die gerade so unter die Schräge passt, eine Flasche Eierlikör. Das Kind darf aus der Anrichte vorsichtig zwei kleine Kelchgläser nehmen und auf den Couchtisch stellen.

Dem Kind ist bei der Tante nie langweilig. Während Tante und Mutter an ihrem Eierlikör nippen, erkundet das Kind die Wohnung. So vieles ist anders als zu Hause. Zu Hause in der Küche steht kein Sofa zum Ausruhen. Zu Hause steht das Sofa im Wohnzimmer. In das Schlafzimmer der Tante passen nur ein schmales Bett und ein Kleiderschrank. Einen Nachttisch wie bei den Eltern oder einen großen Spiegel, in dem man sich ganz sehen kann, gibt es nicht.

Die Tante ist arm, sagen die Eltern. Arm sein bedeutet, wenig zu haben. Aber warum ist die Tante arm? Das Kind kann es nicht glauben. Denn die Tante verwahrt etwas Besonderes in ihrer Anrichte, die das Kind bei jedem Besuch neu bestaunt.

Durch das mit Messingfäden gegitterte Glas des Möbels kann das Kind die Kostbarkeiten der Tante sehen. Der Schrank steht voller Tassen. Jede Tasse hat ein anderes Muster, eine andere Form. Mal ist der Henkel geschwungen und golden bemalt, mal ist er einfach und weiß. Einige Tassen haben Blümchenmuster in den unterschiedlichsten Farben, manche Tassen haben einen breiten vergoldeten Rand. Das Kind kann sich nicht satt daran sehen.

Die Mutter hat ihm eingeschärft, dass es die Tassen auf keinen Fall aus der Anrichte nehmen dürfe. Das seien Sammeltassen, Tassen, die die Tante zu verschiedensten Gelegenheiten geschenkt bekommen hatte. Ihr Leben lang hat die Tante diese Tassen gesammelt. Sie sind ihr ganzer Stolz.

Zu jeder Tasse kann die Tante eine Geschichte erzählen. Jede Tasse hat ihre eigene Geschichte. Die Tassen sind gesammelte Geschichten.

Wer so viele Tassen mit so vielen Geschichten gesammelt hat, kann unmöglich arm sein. Das Kind versteht die Erwachsenen nicht.

Sammeltassen

Der Schneider mit der Scher

Der Daumenlutscher

Konrad!, sprach die Frau Mama,
Ich geh aus und du bleibst da.
Sei hübsch ordentlich und fromm,
Bis nach Haus ich wiederkomm.
Und vor allem, Konrad, hör,
Lutsche nicht am Daumen mehr.
Denn der Schneider mit der Scher,
Kommt sonst ganz geschwind daher.
Und die Daumen schneidet er
Ab, als ob Papier es wär.

„Der Struwwelpeter" von Heinrich Hoffmann

Das Kind kennt die Geschichte von dem Daumen
lutschenden Konrad auswendig. Wie oft haben die
Mutter und die kleine Tante sie ihm schon erzählt,
mit erhobenem Zeigefinger.

Das Kind betrachtet immer wieder die Bilder zu der
Geschichte, das schmerzverzerrte Gesicht Konrads, die
weit vom Körper abgestreckten Hände, von denen das
Blut tropft, da, wo vorher die Daumen gesessen haben.
Das Kind gruselt sich, lutscht dabei hingebungsvoll
und selbstvergessen am Daumen. Wie groß die Schere
ist, wie böse und heimtückisch der Schneider den
armen Konrad ansieht.

Alles haben Mutter und Tante versucht, dem Kind
das Daumenlutschen abzugewöhnen. Aber nichts
hilft. Nicht gutes Zureden, nicht Versprechungen von
Zoobesuchen, nicht mit Senf beschmierte Pflaster auf

den Daumen. Nichts. Das Kind lutscht weiterhin am Daumen, morgens, wenn es noch müde ist, abends vor dem Einschlafen, und tagsüber, weil es ein angenehmes und kuscheliges Gefühl macht.

Das Kind lutscht am Daumen, wenn es träumt und wenn es Trost braucht, wenn die Mutter geschimpft hat, weil es wieder mal den Teller nicht leer gegessen hat, weil es nicht still sitzen konnte, weil es nicht gehorcht hat, weil ... ach ...

Andere Kinder lutschen auch am Daumen, das hat das Kind genau gesehen. Du bist schon groß, versucht es die Mutter mit Schmeichelei, und nur Babys machen das, ergänzt die kleine Tante. Und du willst doch kein Baby mehr sein, oder?

Nein, ein Baby will das Kind nicht mehr sein. Kein Baby wie die kleine Schwester, die den ganzen Tag im Körbchen liegt und schläft oder gewickelt wird, wenn sie in die Windeln gemacht hat.

Nein, ein Baby will das Kind nicht mehr sein. Aber es braucht den Daumen, ganz besonders, wenn es schon groß und vernünftig und artig sein soll.

Manchmal gehen die Eltern aus, in die Stadt, zu Freunden. Dann bringen sie die Kinder zu den Nachbarn, die in der Wohnung eine Etage tiefer wohnen. Die Nachbarn sind schon älter und ihre Kinder erwachsen. Die Nachbarn sind nette Leute. Das Kind besucht sie ab und zu gerne. Es hüpft dann die Treppe hinunter, hält sich dabei nur locker am Geländer fest. Die letzten beiden Stufen nimmt es immer auf einmal, aber nur, wenn die Mutter es nicht sieht.

Die Nachbarn haben eine gemütliche Küche, in der das Kind auf einem Erwachsenenstuhl sitzen darf, mit zwei Kissen, damit es über die Tischkante sehen kann.

Der Schneider mit der Scher

Die Frau hat immer etwas Leckeres. Mal ein Bonbon, mal ein Stückchen Schokolade. Die Frau ist den ganzen Tag zu Hause und freut sich, wenn das Kind zu Besuch kommt.

Das Kind erzählt gerne, vom Tierpark, in dem es mit der Tante war, von Hase und Igel und Luchs und Wolf und all diesen Märchentieren, die es dort tatsächlich gibt. Auch einen Dachs hat das Kind schon gesehen und einen Fuchs, wie in der Hasenschule. Die Geschichte hat die kleine Tante auch schon oft vorgelesen. Aber am liebsten hat das Kind das Struwwelpeterbuch. Die Geschichten von dem Hund, der Wasser trank mit seinem Mund, worüber sich das Kind jedes Mal schier ausschütten kann vor Lachen, denn Hunde haben ja wohl eine Schnauze. Oder die Geschichte vom fliegenden Robert, der vom Sturm davongetragen wurde. Fliegen, das muss schön sein. Oder die Geschichte vom Hans Guckindieluft, den die Fischlein auslachten, als er in den Fluss fiel, weil er nicht auf den Weg geachtet hatte.

Weniger lustig findet das Kind die Geschichten vom Suppenkasper, der am fünften Tage tot war, von Paulinchen, das zu Asche verbrannte und von Konrad, dem Daumenlutscher. Bei diesen Geschichten gruselt es das Kind ordentlich.

Die Eltern wollen wieder einmal ausgehen und geben die Kinder bei den Nachbarn ab. Das Baby ist noch klein und schläft in der Tragetasche. Es ist ganz unkompliziert, hat das Kind die Mutter oft sagen hören, nicht so wie die Große. Das Baby trinkt, schläft, trinkt, schläft und wenn es wach ist, spielt es lieb und friedlich vor sich hin mit seinen kleinen Händen und Füßen.

Das Baby in der Tragetasche wird ins Schlafzimmer gestellt, die Eltern verabschieden sich, das Kind lauscht an der offenen Wohnungstür den Schritten der Eltern nach, die sich rasch entfernen. Als die Haustür mit einem Klick ins Schloss fällt, zieht das Kind die Wohnungstür zu, geht in die Küche und setzt sich auf den Stuhl mit den zwei Kissen, den die Nachbarin schon an den Küchentisch gestellt hat.

Es fühlt sich nicht ganz wohl, es hat Bauchschmerzen. Das Kind steckt den Daumen in den Mund. Es gibt Kekse und Kakao. Das Kind liebt Kekse und Kakao. Bald vergisst es die Bauchschmerzen.

Dann klingelt es an der Wohnungstür, schrill, laut. Das Kind schrickt auf. Das werden wohl deine Eltern sein. Vielleicht haben sie was vergessen. Willst du nicht aufmachen?, fragt die Nachbarin.

Das Kind rutscht vom Stuhl, läuft in den Flur und angelt nach der Türklinke. Die Tür springt auf und das Kind schreit, schreit, gellend, panisch.

Die Nachbarin stürzt herbei, sieht nicht, was das Kind sieht, den Schneider aus dem Struwwelpeter, mit einer riesengroßen Schere, bedrohlich, hämisch mit der Schere fuchtelnd. Das Kind sieht nicht, dass der Mann nur eine große Pappschere hat und der Nachbarin zuzwinkert.

Das Kind schreit um sein Leben. Das Kind lässt sich kaum beruhigen. Alle Erklärungsversuche der Nachbarin, der Schneider sei doch nicht echt, sind vergeblich. Irgendwann hört das Kind auf zu schreien, schluchzt nur noch, setzt sich in eine Ecke und wird schließlich ganz still.

Als die Eltern später zurückkommen, um die Kinder abzuholen, wundern sie sich, dass das Kind so blass und ruhig ist. Du hast doch nicht etwa Fieber? Lass mal fühlen, ist die Mutter besorgt, und zur Nachbarin gewandt, es hat doch hoffentlich keine Mühe gemacht? Im Gegenteil, beeilt sich die Nachbarin zu sagen, ich freue mich immer auf die Kinder. Sie erzählt nichts von dem Schneider mit der Scher.

Die Eltern bedanken sich bei den Nachbarn fürs Aufpassen und steigen mit dem schlafenden Baby in der Tragetasche und dem stillen Kind auf dem Arm hoch zur eigenen Wohnung.

Dass das Kind nicht mehr am Daumen lutscht, fällt der Mutter erst Tage später auf. Unerklärlich ist den Eltern, warum das Kind plötzlich die Nachbarin meidet und sich mit Händen und Füßen dagegen sträubt, deren Wohnung zu betreten.

Wenn sie künftig ausgehen wollen, müssen sie die kleine Tante bitten zu kommen. Aber es gibt so viel zu tun, dass sie nicht weiter nachfragen.

Pax Christi

Ans Meer, ans Meer, wir fahren ans Meer. Die Kinder jubeln. Vom Meer hat die Mutter geschwärmt, von dem blauen, weiten Meer und dem weißen, langen Strand, mit so viel Sand, tausendmal größer als der Sandkasten im Kindergarten. Und den ganzen Tag kann man Burgen aus Sand bauen, tiefe Löcher in den Sand buddeln, Muscheln sammeln. Die Mutter will unbedingt ans Meer. Der Vater muss arbeiten, der bleibt zu Hause. Eine preiswerte Unterkunft auf der Insel für die Mutter und die beiden kleinen Mädchen ist auf den Rat der älteren Nachbarin hin bald gefunden.

Am Tag der Abfahrt scheint die Sonne von einem blauen Himmel, meerblau, sagt die Mutter. Mit einem geliehenen VW-Käfer bringt der Vater die Familie bis zum Anleger in Norddeich. Das Kind schaut neugierig aus dem Fenster und zählt die Autos, die den kleinen langsamen Käfer überholen. Eins, zwei, drei … irgendwann fallen ihm keine Zahlen mehr ein. So viele. Können wir nicht schneller fahren? Ja, schneller, echot die kleine, dreijährige Schwester. Wann sind wir endlich da?

Dann endlich sind sie da.

Das Gepäck wird ausgeladen, jedes Kind hat einen kleinen Koffer mit Spiel- und Strandsachen. Den großen Koffer mit den Anziehsachen schleppt der Vater. Die Kinder rennen zum Anlegesteg. Aber, wo ist das Meer? Sie sehen nur eine Wasserrinne und viel Schlamm. Die Kinder sind enttäuscht. Kein Blau, kein weißer Sand. Das ist das Watt, jetzt haben wir Ebbe, erst bei Flut kehrt das Meer zurück, erklärt die Mutter. Abwarten, auf der Insel sieht es ganz anders aus. Na hoffentlich.

Möwen fliegen kreischend um die Mole. Mit ihren gebogenen, spitzen, gelben Schnäbeln und ihrem lauten Geschrei sind sie dem Kind ein wenig unheimlich. Was, wenn eine der Möwen auf dem Kopf landet und mit ihrem Schnabel darauf herumhackt? Zum Glück hatte die Mutter darauf bestanden, dass die Kinder eine Mütze aufsetzten, gegen den Wind, die steife Brise, wie man da oben im Norden sagt. Die Mütze schützt hoffentlich auch gegen die Möwen.

Als das Schiff endlich kommt, verabschieden sich die Kinder nur flüchtig vom Vater und stürmen dann aufs Deck. Halt. Der Vater will noch ein Foto machen, zur Erinnerung. Die Mutter lächelt, zur kleinen Tochter hinuntergebeugt, in die Kamera. Die Dreijährige schaut neugierig einer Möwe hinterher. Das Kind blinzelt in die Sonne und sieht dabei ein wenig skeptisch aus. So jedenfalls kann man es auf dem Foto sehen, das der Vater den Kindern nach dem Urlaub zeigt.

Endlich setzt sich die Fähre in Bewegung, schiebt das aufgelaufene Wasser vor sich her. Jetzt können die Kinder in alle Richtungen schauen. Überall Wasser. Wo das nur herkommt? Die Flut? Ja, aber wo war das Wasser vorher? Die Kinder sind ganz aufgeregt. Alles so anders, so neu.

Die Fahrt mit der Fähre dauert fast eine Stunde, eine Stunde Wind, Möwengeschrei, wirbelndes Wasser, während die Mole immer weiter in der Ferne verschwindet, die Insel immer näher kommt, die Insel mit ihren leuchtend roten Häusern, den in der Sonne blitzenden Fenstern. Die Luft ist klar wie Glas, nicht so wie im Ruhrgebiet, wo es immer neblig zu sein scheint, ein klebriger, manchmal gelblicher, manchmal bräunlicher Nebel, der sich auf die Fensterbretter legt, die Fensterscheiben blind macht. Manchmal ist er auch lustig, der Nebel, wenn er nämlich kleine dunkle Punkte auf die weiße Wäsche malt. Manchmal hüllt der Nebel auch das Grau der Häuser ein, verwischt die harten Konturen der endlos sich aneinanderreihenden grauen Häuserzeilen.

Am Anleger warten schon die Gepäckkarren. Autos dürfen auf der Insel nicht fahren, erklärt der Gepäckkarrenfahrer.

Es ist recht weit bis zur Unterkunft. Aber zum Glück nimmt der Gepäckwagen alle Gepäckstücke mit. Die Kinder hüpfen der Mutter aufgeregt voran. Dann stehen sie vor ihrer Herberge für die nächsten vierzehn Tage, einem zweistöckigen, mächtig wirkenden Gebäude aus Backstein, mit verblassten goldenen Schriftzügen über der hohen, breiten, braunen Eingangstür. Die Mädchen bleiben stehen, warten auf die Mutter. PAX CHRISTI steht über der Tür. Die Mutter liest es vor, als sie die Mädchen eingeholt hat. Hier sind wir richtig. Der Karren ist schon da und das Gepäck rasch ausgeladen und vor die Treppen gestellt. Der Gepäckträger hat es eilig. Die Kinder schnappen sich ihre Koffer. Den großen muss die Mutter schleppen.

Die Mutter stemmt die Tür auf zu einem langen und breiten Flur. Rechts und links von der Eingangshalle gehen Türen ab. Dahinter sind kleine Räume, Aufenthaltsräume, wie die herbeieilende Nonne erklärt. Da können die Kinder leise spielen.

Das Schlafzimmer ist unter dem Dach, ein wenig eng für drei Personen, aber den Kindern gefällt es. Zu Hause wohnen sie auch im Dachgeschoss mit schrägen Wänden. Das Kind fühlt sich sofort heimisch.

Die Essenszeiten seien genau festgelegt, informiert die Nonne, die sie empfangen und in ihr Zimmer geführt hat, Mutter und Töchter. Außerdem gebe es eine Mittagsruhe zwischen ein und drei Uhr. Auf keinen Fall dürfe diese gebrochen werden. Die Kinder müssten unbedingt ganz leise sein. Die Mädchen schauen die Mutter an, die bei diesen Belehrungen nicht sehr glücklich aussieht. Dem Mittagsschlaf sind beide Mädchen mit ihren drei und fünf Jahren schon längst entwachsen.

Aber die Sonne scheint, man kann ja den ganzen Tag draußen sein, hofft die Mutter.

Das Abendbrot im großen Saal beginnt immer pünktlich um 18 Uhr. Auf Pünktlichkeit wird Wert gelegt. Alle Gäste essen zur selben Zeit. Eine halbe Stunde ist für jede Mahlzeit vorgesehen. Jede Gruppe hat einen eigenen Tisch, der zugewiesen wurde, ebenfalls von einer Nonne, der Saalnonne, die an der Schwingtür zum Saal steht und aufpasst, dass alles seine Ordnung hat. Der Tisch der kleinen Familie steht mitten im Raum. Die Mutter hätte gern einen Fensterplatz gehabt. Es gibt nicht viele Kinder in dem großen Saal, nur noch eine weitere Familie mit älteren Kindern.

Trotz der vielen Menschen ist es sehr still im Esssaal. Man hört nur das leise Klappern von Geschirr und Besteck. Lautes Sprechen ist verboten, wie die Mädchen gleich zurecht gewiesen werden, als sie, wie zu Hause gewohnt, fröhlich losplappern.

Das Essen kommt in Schüsseln auf den Tisch, Kartoffeln, Gemüse und ein Stück Fleisch mit Soße. Jeden Tag, wie sich herausstellt. Nur das Gemüse wechselt. Mal gibt es Möhren, mal Bohnen, mal Steckrüben, mal Kohlrabi. Das Fleisch schmeckt immer gleich mit der

Soße. Einmal in der Woche gibt es Eintopf mit Würstchen, und freitags natürlich kein Fleisch.

Das Kind freut sich auf den Nachtisch. Schokoladenpudding, Vanillepudding, Wackelpudding in grün oder rot mit Vanillesoße. Am liebsten würde es nur Nachtisch essen, oder doch wenigstens einen zweiten haben. Aber das ist verboten. Nie wird das Kind vergessen, wie sie am dritten Tag, hungrig vom Sandbuddeln am Strand, aber nicht satt vom Essen, das ihnen nicht schmeckte, ermuntert von der Mutter, um einen zweiten Nachtisch baten.

Die Geschwister warten extra lange, bis ganz zum Schluss, und sehen, dass auf der langen Anrichte, die die Küche vom Esssaal trennt, noch einige Schälchen mit Schokoladenpudding stehen. Geht nur, fragt, bestärkt die Mutter sie. Das Kind geht forsch mit der dreijährigen Schwester an der Hand durch den großen, schon fast leeren Saal. Sie bauen sich vor der Anrichte auf. Das Kind nimmt all seinen Mut zusammen und stottert: Könnten wir bitte, ... wir möchten gern ... Die Kleine kräht dazwischen: Ich will noch Pudding!

Was fällt euch ein? Wie kann man nur so gierig sein? Denkt ihr denn gar nicht an die armen Kinder in Afrika, die hungern müssen und gar nichts zu essen haben und froh wären, wenn sie so schönes Essen bekämen wie ihr? Und ihr wollt noch mehr. Habt den Teller nicht leer gegessen, aber Nachtisch wollt ihr gleich zweimal, zetert die Küchennonne los, ohne einmal Luft zu holen. Die Dreijährige beginnt vor Schreck zu weinen, das Kind erstarrt. Bis die Mutter kommt und es an der Hand nimmt und aus dem Saal zieht. Ohne ein Wort zu sagen. Die kleine Schwester lässt das Kind nicht los.

Auf dem Zimmer angekommen tröstet die Mutter die Kinder. Verspricht ein Eis am Nachmittag. Dann gehen sie an den Strand. Die Sonne scheint, der Himmel ist fast wolkenlos blau, die Sandburg wird immer größer und schöner mit den vielen Muscheln, die die Kinder eifrig am Strand gesammelt haben. Am Abend sind die Kinder müde von der Seeluft und vom Spielen am Meer und haben den Vorfall vergessen. Die Mutter macht einen entspannten, zufriedenen Eindruck.

Und dann beginnt die Regenperiode, die fast eine ganze Woche anhält. Es regnet und windet. Kein Buddeln im Sand, keine Spiele am Strand, keine Entdeckungstour durch die Dünen. Die Mittagspause wird zur Qual. Das Kind ist schlecht gelaunt, die kleine Schwester quengelt, die Mutter reagiert oft ungeduldig, genervt. Regen draußen, Tristesse drinnen. Der kleine Aufenthaltsraum ist die einzige Ausweichmöglichkeit. Das Zimmer unter dem Dach kommt zum Spielen nicht infrage. Die Wände sind sehr dünn und schon mehrfach haben sich Gäste darüber beklagt, dass die Kinder zu laut seien.

Die Mutter kauft Malblocks, um die Kinder zu beschäftigen. Aber zwei Stunden sind lang. Zwei Stunden Malen sind zu lang. Für Puzzle und Memory ist die Kleine noch nicht groß genug. Die Mutter liest Geschichten und Märchen vor. Doch immer wieder muss sie die Töchter ermahnen, nicht laut zu sein – lachen ist zu laut, verboten, singen ist zu laut, still sitzen ist erlaubt.

Manchmal gehen Mutter und Kinder trotz des Regens, trotz des Winds an den Strand, um die wilden Wellen zu beobachten. Dann gibt es Probleme mit den nassen Sachen und den dreckigen Schuhen. Dreck machen, verboten. Nasse Sachen im Zimmer trocknen, verboten. Es gibt einen Trockenraum, aber der stinkt, finden nicht nur die Kinder. Die Tage fließen dahin wie der Regen die Fensterscheiben hinunter, gleichförmig, unaufhörlich, die drei Mahlzeiten am Tag, 8 Uhr Frühstück, 12.30 Uhr Mittagessen, 18 Uhr Abendbrot, takten die Eintönigkeit der Tage. Die Kinder gewöhnen sich an die Ruhe der Mittagspause, lachen nicht mehr, singen nicht mehr, sitzen brav auf ihren Stühlen und malen. Das ein oder andere Mal nickt die Saalnonne Mutter und Kindern nun freundlich zu.

Als nach fast einer Woche endlich wieder die Sonne hervorblitzt, ist es wie ein Auftauchen aus dunklen Tiefen. Statt braun gebrannt sind Gesichter und Leiber bleich und erschöpft. Mit der Sonne und dem Strandleben kehrt die Fröhlichkeit der Kinder zurück. Die Haut färbt sich zu einem leichten Bronzeton. Die Mutter ist wieder freundlich und liebevoll.

Als der Vater am Ende der zwei Wochen seine Familie abholt, findet er zufriedene Kinder und eine lächelnde Frau vor.

Ans Meer fährt die Mutter mit den Kindern nicht mehr.

Der Klapperstorch

Das Kind steht an der Wand, mit durchgedrückten Knien, mit geradem Rücken, den Zeigefinger der rechten Hand auf die fest geschlossenen Lippen gelegt. Das Kind blickt trotzig, finster, die Augen blicken geradeaus. Die wollene Strumpfhose juckt. Das Kind spürt die Knubbel der Falten in den Kniekehlen.

Die Augen des Kindes brennen von ungeweinten Tränen der Wut. Schon wieder muss es mit versiegeltem Mund hier stehen, schon wieder ist es von den fröhlichen Spielen der anderen Kinder ausgeschlossen. Das Kind versteht die Welt nicht mehr. Warum hat diese Nonne, diese Schwester Elfriedis, es immer auf dem Kieker?

Seit die Familie aus der großen Stadt in die andere, viel kleinere gezogen ist, hat sich so manches geändert. Manchmal hat das Kind regelrecht Heimweh nach der großen Stadt, der kleinen Tante und – dem anderen Kindergarten, der mitten in einem Park lag.

Heimweh auch nach den lieben Kindergartentanten, die immer viel gelacht haben und gar nicht streng waren. In dem neuen Kindergarten geht es ganz anders zu. Das hat das Kind sofort am ersten Tag bemerkt.

Die Zurückhaltung gegenüber dieser Frau in den weiten schwarzen Kleidern mit der schwarzen Haube auf dem Kopf, die das Kind schon beim ersten Besuch zeigte, hat sich in heftige Abneigung verwandelt.

Nicht zum ersten Mal steht das Kind stumm und steif an der Wand. Aber diesmal ist es besonders schlimm. Denn das Kind ist vom Flötenunterricht ausgeschlossen. Flöte spielt es gern. Vor allem mag es die lustigen Lieder, die sie nach den bunten Noten spielen, die mal behäbig auf einem Stuhl sitzen, mal rasch mit einem Regenschirm dahin eilen. Jede Note hat eine eigene Farbe. Das sieht so fröhlich aus.

Stattdessen steht es nun da, mit dem Finger auf dem Mund, und darf sich erst wieder bewegen, wenn die Nonne es erlaubt. Vorsichtig schielt das Kind auf die große Uhr, die an der Längsseite des Spielsaals angebracht ist. Um zwölf Uhr kommen die Mütter, um ihre Kinder abzuholen. Das Kind kann die Uhr noch nicht ganz lesen, aber dass der große Zeiger den kleinen oben auf der Zwölf noch lange nicht eingeholt hat, das sieht es schon – und seufzt unhörbar.

Dass die Schwester Elfriedis alles bestimmt, hat das Kind schon längst verstanden. Auch die netten Kindergartentanten tun, was die Nonne sagt. Manchmal glaubt das Kind zu sehen, dass auch die Tanten ein wenig Angst vor der Nonne haben. Nein, Angst hat das Kind nicht. Aber es ist zornig und wütend und darf diese Wut nicht einmal herausschreien. Schreien ist ungehörig, laut sprechen auch. Rennen ist auch verboten, außer im Spiel. Seht euch nicht um, der Plumpsack geht um. Wer sich umdreht oder lacht, der kriegt den Buckel blau gemacht. Dieses Spiel liebt das Kind besonders, weil man dabei rennen und juchzen darf, sobald man an der Reihe ist.

In dem Kindergarten, in dem es vorher war, in der großen Stadt, war alles ganz anders. Da gab es keine Verbote und alle Kinder durften nach Herzenslust draußen herumtollen, auch im Winter, wenn es kalt war, auch im Regen. Und immer erzählte eine Tante eine Geschichte. Und immer durften die Kinder auch selbst erzählen. Keiner fand das schlimm.

Für einen Moment vergisst das Kind seinen Zorn.

Der Klapperstorch

Aber dann fällt ihm wieder ein, warum es hier steht. Nur weil es nicht an den Klapperstorch glaubt? Aber wie könnte es denn, wo es doch fast jeden Sonntag mit dem Vater ins Krankenhaus auf die Babystation geht und die süßen kleinen Babys in ihren durchsichtigen Bettchen bewundert. Die sind so klein und so niedlich. Und weit und breit kein Klapperstorch zu sehen. Da hätte er auch viel zu tun gehabt.

Nein. Das Kind weiß, dass die Babys aus dem Bauch der Mutter krabbeln und dass sie das im Krankenhaus machen und dass der Vater ihnen dabei hilft, damit den Babys nichts passiert. Was ist so schlimm daran? Es gibt nun mal keinen Klapperstorch, auch wenn das andere Mädchen das behauptete.

Die Mutter hätte ihm gesagt, es solle jeden Abend Zucker auf die Fensterbank legen, und das hätte auch tatsächlich geklappt. Das Mädchen hatte beim Erzählen vor Begeisterung rote Backen bekommen und die anderen Kinder hatten neugierige Fragen gestellt. Wie viele Zuckerstückchen und wie lange man sie auf die Fensterbank legen müsse. Ein Kind wollte sogar den Klapperstorch ganz in echt gesehen haben.

Da war es dem Kind zu bunt geworden. Nein, hatte es plötzlich in die Aufregung hinein gesagt, nein, das war nicht der Klapperstorch, das war mein Vati. Es hat angefangen zu erzählen, was es wusste. Weit war es damit allerdings nicht gekommen. Denn plötzlich fühlte es sich am Arm von den Kindern weggerissen. Eine Kindergartentante hatte es fest am Handgelenk gepackt und zu Schwester Elfriedis geschleppt. Das Kind hatte sich auf dem Weg zu ihrem Büro ganz schwer gemacht. Es wollte nicht zur Nonne. Die guckte immer so streng und manchmal richtig böse. Dann funkelten die Augen hinter den Brillengläsern und schossen Blitze. So kommt es dem Kind zumindest oft vor.

Die Kindergartentante hatte das Kind vor den Schreibtisch der Nonne gezerrt und berichtet, was passiert war. Das Kind begreift auch jetzt noch nicht, worum es ging. Es hat nur die Empörung und den Ekel in den Stimmen der beiden Frauen noch im Ohr und Wörter wie ungehörig, unanständig, ungeheuerlich.

Als die Schwester Elfriedis es mit ihren Blitzaugen so böse ansah, hatte es rasch auf seine Füße geschaut. Das Kind spürt immer noch das Unbehagen und die Schraubstockumklammerung der Kindergartentante am Handgelenk und kann sich überhaupt nicht vorstellen, dass seine Geschichte diesen Vulkan an Empörung ausgelöst haben könnte.

Schau mich an, du missratenes Kind. Siehst du ein, dass du eine schwere Sünde begangen hast? Dass du dafür bestraft werden musst? Wie kann ein so kleiner Mensch schon so verdorben sein? Als die Beschimpfungen der Nonne nur so herunter geprasselt sind, hat das Kind so getan, als sei es nicht da und versucht, dem scharfen bohrenden Blick der Schwester auszuweichen.

Auch noch dreist und verstockt, hatte die Nonne gezetert, das ist ja wohl nicht zu fassen. Du wirst heute gar nicht mehr spielen und am Flötenunterricht darfst du erst recht nicht teilnehmen. Bis zum Mittag wirst du an der Wand stehen bleiben. Das kennst du ja schon. Noch immer brennen die Wangen des Kindes, während es steif und stumm an der Saalwand steht. Die aufsteigenden Tränen hatte es versucht wegzublinzeln. Nicht Flöte spielen. Woher weiß die Nonne, dass sie mit diesem Verbot das Kind besonders hart bestraft?

Und wehe, du rührst dich! Das soll dich Demut lehren, hatte die Nonne dem Kind noch hinterhergezischt, als es von der Kindergartentante in den großen Saal zurückgeführt wurde. Das Wort Demut kennt das Kind nicht. Aber es muss etwas ganz Schlimmes sein, so wie die Nonne es ausgesprochen hatte.

Dass nicht einmal die Kindergartentante Mitleid hatte, macht dem Kind auch zu schaffen. Es fühlt sich allein gelassen und ausgesetzt. Du hast es gehört: Nicht bewegen, nicht umherblicken, nicht sprechen, hatte die Tante die Strafe noch einmal wiederholt, bevor sie sich den anderen Kindern zuwandte und mit ihnen Ringelreihen spielte.

Nun steht das Kind an der Wand, reglos, blicklos, sprachlos, wie befohlen. Aber in ihm brodelt es. Von nebenan, aus dem kleinen Zimmer, tönt Flötenmusik, Winter ade, Scheiden tut weh ... Nicht mitmachen zu dürfen tut auch weh. Anderen Kindern beim Fröhlichsein zuzuschauen tut weh. Und vor allem, dass alle so tun, als wäre es gar nicht da.

Nach einer langen Weile fühlt sich das Kind ganz erstarrt vom Geradestehen. Der Rücken beginnt wehzutun. Das Kind beißt die Zähne fest aufeinander. Es rührt sich nicht, wie befohlen. Es fühlt sich die ganze Zeit beobachtet. Immer wieder steigen Tränen der Wut in seine Augen. Immer versucht das Kind sie wegzublinzeln. Es will nicht heulen. Auf keinen Fall. Eine einzelne Träne kitzelt beim Herunterlaufen auf der Wange und verschwindet im Kragen des Kleidchens.

Um sich abzulenken, versucht das Kind sich an etwas Schönes zu erinnern. Aber ihm fällt nur die schreckliche Geschichte ein, die sich in der Adventszeit ereignet hat. Da war ein Junge ohne zu fragen mitten am

Tag ohne Mütze und Jacke in seinen Hausschühchen nach draußen gelaufen und hatte sich im Garten des Kindergartens versteckt.

Als sein Fehlen auffiel, gab es erst mal eine Riesenaufregung und dann fand man den Jungen ganz hinten im Garten. Er klapperte vor Kälte mit den Zähnen. Oder vor Angst? Das Kind ist sich nicht sicher.

Die Kindergartentanten schimpften heftig mit ihm. Und als die Schwester Elfriedis mit ihm sprach und ihm seine Strafe verkündete, fing er an zu weinen.

Dann passierte das Ungeheuerliche. Zwei Kindergartentanten zerrten den Jungen auf die dunkle Bühne, hinter den Vorhang vor die Tür, aus der am Nikolaustag der Knecht Ruprecht gekommen war. Der Junge hatte Angst vor dem Knecht Ruprecht und schrie so verzweifelt und gellend, dass einem die Ohren davon richtig wehtaten, erinnert sich das Kind. Aber die Nonne hatte allen Kindern verboten, sich um den Jungen zu kümmern. Stattdessen spielten sie Ringelreihen und sangen laut, genauso wie jetzt auch. Nach einiger Zeit hörte das Schreien des Jungen auf.

Zwei Kindergartentanten holten ihn schließlich von der Bühne. Da war der Junge fast still, wimmerte nur noch leise.

Als die Mütter kamen, um ihre Kinder abzuholen, spielten alle Kinder oder sangen fröhliche Lieder.

Den Jungen sah das Kind viele Wochen nicht. Er musste wohl krank geworden sein.

Zu Hause hatte das Kind nichts von dem Vorfall erzählt.

Aus dem Nachbarraum tönt ein neues Lied, der Kuckuck und der Esel, die hatten einen Streit … Das

Kind schnieft vorsichtig. So gerne wäre es jetzt bei den Flötenkindern. Warum nur ist die Nonne so böse?

Am liebsten würde es nie wieder in diesen Kindergarten gehen. Aber die Eltern meinen, das Kind langweile sich doch nur zu Hause mit der kleinen Schwester und außerdem sei das ein besonders guter Kindergarten, in dem es lerne, sich an Regeln zu halten. Die Eltern der anderen Kinder loben die netten Kindergartentanten und die schöne Einrichtung mit dem Garten und der Schaukel und dem Sandkasten und all den anderen Spielgeräten.

Das Einzige, was dem Kind wirklich gefällt, ist, dass es Flöte spielen lernt. Malen und basteln mag es gar nicht so gern, obwohl ihm gerade das die Eltern immer wieder besonders anpreisen. Was du alles im Kindergarten lernen darfst. Sogar Gedichte lernt ihr schon. Die Eltern lassen keinen Einwand des Kindes gelten, wenn es jammert.

Das Kind weiß nicht, wie es den Eltern erklären soll, dass es nicht in den Kindergarten gehen will. Dass es ihm jeden Tag schwerer fällt, dorthin zu gehen. Dass es sich lieber zu Hause langweilt, als ständig bestraft zu werden. Deshalb sagt das Kind lieber nichts.

Die Heimsauna

Das Kind ist gern zu Besuch bei Tante und Onkel. Es liebt den großen Garten mit dem Rasen und den Blumenabhang vor der Terrasse. Auf dem Abhang blühen Rosen, aber es gibt auch Blumenkissen. Wenn man sie anhebt, was der große Cousin manchmal tut, selbst traut sich das Kind nicht, ist darunter ein Gewimmel von Ohrenkneifern, Asseln und anderen Käfern. Vor den Ohrenkneifern hat das Kind ein wenig Angst. Was, wenn sie sich tatsächlich einmal ins Ohr verirren? Die Zangen am Kopf des Käfers sehen aus der Nähe sehr gefährlich aus. Besser, man lässt die Blumenkissen in Ruhe.

Besonders mag das Kind die Höhle, so nennt es bei sich den Alkoven, der durch einen Vorhang vom Schlafzimmer von Onkel und Tante abgetrennt ist, und in dem das Bett steht, in dem es schläft, wenn es zu Besuch ist. Da kann es für sich ganz allein sein, ungestört von der Schwester, mit der es zu Hause in einem Zimmer schläft.

Das Kind mag das Lachen der Tante, es kommt aus vollem Herzen und ist hell und dunkel zugleich. Der Onkel ist witzig und erzählt lustige Geschichten, von dem Papagei, der telefonieren konnte, von dem Rasensprenger, der plötzlich anging und eine ganze Kaffeetafel unter Wasser setzte, von den Menschen, mit denen er auf seiner Arbeit zu tun hatte. Und er kann gut Witze erzählen. Jedes Mal nimmt das Kind sich vor, sich wenigstens einen Witz zu merken. Vergeblich. Es fehlen die passenden Worte, es fehlt die Pointe am Schluss.

Das Einzige, was das Kind am Onkel nicht mag, sind seine nassen Küsse auf die Wange. Immer versucht es den Onkel auf Armlänge abzuhalten, aber seine Arme sind noch zu kurz. Heimlich wischt das Kind die Küsse von der Backe.

Im Haus von Tante und Onkel gibt es ein merkwürdiges Gerät, das aussieht wie eine riesige umgestürzte Keksdose mit einem Kragen, aus dem der Kopf herausschaut. Der Onkel nennt es seine Heimsauna. Saunen heißt schwitzen, erklärt er auf die Frage des Kindes. Einmal darf das Kind dem Onkel beim Saunen zusehen. Erst wird das Gerät eingeschaltet. Die Keksdose lässt sich an einer Stelle öffnen. Innen steht ein Stuhl. Der Onkel setzt sich auf den Stuhl, verschließt die Keksdose und zieht den Kragen mit einer Kordel zu, sodass nur noch sein Kopf herausschaut.

Bald tropft es aus den Haaren, es perlen dicke Tropfen über das Gesicht des Onkels. Er schwitzt. Als er genug geschwitzt hat, lockert er den Kragen, öffnet die Keksdose und geht im Bad unter die Dusche. Dort hört das Kind ihn prusten und schnauben. Als der Onkel dann fertig angezogen aus dem Bad kommt, sieht er ganz rosig aus, wie frisch geschrubbt.

Und noch eine Eigenart hat der Onkel. Er muss unbedingt seinen Mittagsschlaf machen, auf dem Sofa im Wohnzimmer. Auf keinen Fall darf er dabei gestört werden, schärft die Tante dem Kind ein. Der Onkel müsse viel arbeiten und brauche seinen Schlaf. Also heißt es ganz leise sein. Leise sein fällt dem Kind oft schwer. Deshalb muss die Tante das Kind auch des Öfteren ermahnen.

Das Kind gewöhnt sich mit der Zeit daran, in der Mittagszeit ganz leise zu sein.

Nun will es dafür aber auch gelobt werden und marschiert ins Wohnzimmer, rüttelt den schlafenden Onkel wach und verkündet stolz, nicht wahr, Onkel Hans, ich war schön leise, weil du deine Ruhe haben willst.

Dass das Kind seine wohlverdiente Mittagsruhe abrupt beendet, nimmt der Onkel gottlob nicht übel. Bereitwillig spendet er dem Kind das erwartete Lob.

Teilen

Obwohl der Cousin und die Cousine älter sind, spielen sie mit dem Kind. Nur in die Badeanstalt nehmen sie es ungern mit, da es noch nicht schwimmen kann und nur ein lästiges Anhängsel ist.

Manchmal kommt auch ein Kind aus der Nachbarschaft zum Spielen vorbei. Dann spielen sie zu dritt Seilchen springen, mit dem Ball werfen oder auch Vatermutterkind. Dieses Spiel findet das Kind aber langweilig, weil es nie Vater oder Mutter sein darf, nie bestimmen darf, sondern als das Kind immer nur gehorchen muss. Kinder sind noch zu klein, die wissen nicht, was sie dürfen, erklären die beiden Größeren einmütig. Das Kind wird bockig, will nicht weiter spielen. So gibt es Streit. Alle drei Kinder, die Cousine, das Nachbarkind und das Kind verkrachen sich heftig und gehen im Streit auseinander.

Am nächsten Tag steht das Nachbarkind in der Tür. Es hat Rolos dabei, als Versöhnungsgeschenk. Das Kind liebt Rolos über alles. Die feste herbe Schokolade außen, der cremige, süße Karamell innen. Man kann die Schokolade langsam im Mund schmelzen lassen, erst den Schokoladengeschmack genießen, dann den Karamellgeschmack auskosten oder die feste Schokolade aufbeißen und mit dem süßen Kern vermischen. Das Kind ist entzückt. Vergessen der Streit, vergessen die Bockigkeit, vergessen der Unmut über die ungeliebte Kind-Rolle.

Du musst aber mit deiner Cousine teilen, fordert das Nachbarkind, als es die angebrochene Rolle Rolos überreicht. Die Cousine ist im Garten auf der Liege, eingehüllt in eine warme Decke und hat das Läuten nicht gehört. Der Cousine geht es heute nicht so gut. Der Kopf tut ihr weh und ihr ist ein wenig schwindlig. Deshalb hat das Kind auch den ganzen Morgen allein im Haus gespielt und gemalt.

Nachdem das Nachbarkind gegangen ist, zählt das Kind die Rolos. Es sind fünf Stück in der Rolle. Das Kind überlegt. Wenn ich teile, dann bekommt eine zwei Rolos und eine drei. Aber die Cousine weiß ja gar nicht, dass in der Rolle fünf Rolos sind. Wenn ich jetzt eins esse, bleiben noch vier, also für jeden zwei. Das Kind drückt vorsichtig ein Rolo aus der Rolle, steckt es in den Mund und lässt die Schokolade langsam auf der Zunge zergehen. Welch eine Wonne.

Erst nach einer ganzen Weile marschiert das Kind in den Garten zur Cousine und zeigt ihr die verbliebenen Rolos. Schau mal, was wir bekommen haben, von dem Nachbarkind. Gerecht werden die Stücke aufgeteilt. Jede bekommt zwei.

Alles ist gut, bis die Tante kommt, um nach der Tochter zu schauen. Oh, Rolos, sagt sie erfreut. Die mag ich wohl auch. Gibst du mir eines ab?, fragt sie die Tochter. Natürlich bekommt die Mutter auch ein Rolo.

Das Kind hat den ganzen Tag ein schlechtes Gewissen. An die Tante hatte es gar nicht gedacht. Und nun hat die Cousine nur eins, es selbst aber drei Stück bekommen. Das Kind isst die beiden Rolos rasch auf. Aber sie schmecken ihm nicht mehr.

Grüne Tante

Im Haus wohnen zwei Familien. Die Familie des Kindes bewohnt fast das ganze Haus, die andere Familie hat eine große Küche, ein Wohnzimmer und ein Schlafzimmer unter dem Dach. Die eine Hälfte des Dachbodens ist ausgebaut, auf der anderen Seite trocknet die Wäsche. Die andere Familie hat zwei Kinder, einen Jungen und ein Mädchen.

Die Eltern sehen nicht gern, wenn das Kind mit Rainer spielt. Rainer ist etwas merkwürdig. Halt dich fern von ihm.

Rainer hatte eine Kopfkrankheit. Lange hatte er hohes Fieber und fantasierte sogar. Als das Kind ihn einmal besuchte, nachdem die Ansteckungsgefahr vorbei war, erkannte er es nicht. Seit der Krankheit ist Rainer tatsächlich manchmal komisch. Dem Kind ist das egal. Denn Rainer macht alles mit, was sich das Kind ausdenkt.

Sie balancieren auf Mauern, springen mutig hinab in die Tiefe, schleichen sich in die Zimmerei im Nachbarhaus und sehen aus ihrem Versteck zu, wie die große Kreissäge sich durch lange Holzbretter frisst. Das Kind liebt die feinen Sägespäne, den Geruch von Holz. Die Eltern haben ihm strikt verboten, die Tischlereiwerkstatt zu betreten. Was da alles passieren kann. Was soll schon passieren!

Mit Rainer baut das Kind hohe Burgen und tiefe Höhlen in den Sandschütten der Baustoffhandlung, neben der das Wohnhaus steht. Ein wunderbarer Platz zum Spielen. Wer hat schon so einen großen Sandkasten. Das Kind ist sehr zufrieden mit seinem Abenteuerspielplatz.

Es ist genug Platz zum Spielen, Fußball, Federball, Ballwerfen. Ein Brett über ein Mäuerchen gelegt, fertig ist die Wippe. Zwei Stricke über einen Balken geworfen, eine dicke Pappe drüber. Und schon kann man mit der selbst gebauten Schaukel hoch in die Luft fliegen. Manchmal schimpft der Eigentümer der Baustoffhandlung. Weil die Schaukel im Weg ist, weil das Brett nicht in die Sandschütten gehört, weil etwas kaputt gegangen ist. Einmal sind sogar Keramikrohre ins Rutschen geraten und zerbrochen. Aber da die Versicherung den Schaden bezahlte, war der Vorfall rasch wieder vergessen.

Was ist ein Junge, was ist ein Mädchen? Dass die Kinder sich mit dieser Frage beschäftigen, bleibt ihr Geheimnis. Das Kind spürt, dass dieses Thema ein Tabu ist. Nackt sein ist ein Tabu. Die Eltern schließen immer die Badezimmertür ab, wenn sie sich waschen. Dann muss das Kind anklopfen und warten, bis die Tür wieder aufgemacht wird.

Rainers Mutter verdient Geld mit Handarbeiten. Sie hat eine Strickmaschine, auf der sie Pullover und Röcke strickt. Der Mutter gefallen die Sachen und sie gibt zwei Röcke in Auftrag. Einen für das Kind und einen für die jüngere Schwester.

Die Röcke sollen eine Glockenform haben und in der Taille einen Gummibund. Das Kind darf die Wolle aussuchen. Dunkelblau. Seine Lieblingsfarbe.

Das Kind schaut der Nachbarin beim Stricken zu. Sie hat nichts dagegen, fühlt sich nicht gestört, wie die Mutter befürchtet. Fäden einspannen, Faden legen, ratsch mit dem Strickwagen drüberfahren. Und wieder von vorn. Faden legen, ratsch mit dem Strickwagen drüberfahren. Von Zeit zu Zeit müssen einige Maschen dazu geholt werden.

Wie schnell so ein Rock fertig wird. Das Kind staunt. Die Mutter hat für den Pullover im letzten Winter viel länger gebraucht.

Zum Schluss kommt eine Überraschung. Unten auf den Rocksaum stickt die Mutter von Rainer ein Band mit lauter fröhlichen Gänseblümchen. Das Kind ist begeistert und freut sich sehr darauf, bald den Rock anziehen zu können.

Der fertige Rock wird schließlich angefeuchtet und in Form gespannt. Dazu gibt es einen besonderen Holzrahmen.

Dann muss der Rock nur noch vorsichtig mit dem Bügeleisen gedämpft werden. Rainer und das Kind haben schon oft zugeschaut, wie das geht. Sie wollen helfen, der Mutter von Rainer eine Freude machen. Die Mutter ist einkaufen.

Sie nehmen den Rock, legen ihn auf das Bügelbrett, lassen das Bügeleisen heiß werden und fahren damit über den Wollrock. Es dampft, stinkt. Rainer reißt das Bügeleisen hoch. Zu spät. Ein dicker brauner Fleck prangt auf der Vorderseite des Rocks, unübersehbar.

Nachdem er sich von dem ersten Schreck erholt hat, kommt Rainer eine Idee. Er strahlt. Komm mit, zieht er das Kind hinter sich her ins Bad. Dort liegt, in einer Schale, ein grüner Klumpen. Das ist die grüne Tante. Eine Fleckenseife. Damit kriegt man alle Flecken weg, sagt meine Mama. Rainer ist sichtlich stolz auf sein Wissen. Er nimmt die Seife aus der Schale und feuchtet sie an. Er legt den Rock über das Bügelbrett und rubbelt mit aller Kraft über die braune Stelle.

Zeig mal. Das Kind ist neugierig. Doch was es sieht, verschlägt ihm den Atem. Da, wo vorher ein brauner Fleck war, ist nun – nichts mehr. Nur ein Loch. Ein hässliches, ausgefranstes Loch mit braunen Rändern.

Die Kinder schauen sich erschrocken an. Rainer zerrt den Rock vom Bügelbrett herunter und stopft ihn in eine Schublade.

Das Kind verlässt die Wohnung. Ich habe nichts gemacht, das war der Rainer, versucht es sein schlechtes Gewissen zu beschwichtigen.

Rainer bleibt am nächsten Tag unsichtbar. Als das Kind ihm dann zufällig auf der Treppe begegnet, drückt er sich wortlos an ihm vorbei. Das Kind wagt nicht, ihn anzusprechen.

Die Nachbarin bittet die Mutter des Kindes um Aufschub. Es sei ihr etwas dazwischengekommen. Den wahren Grund nennt sie nicht. Die Mutter ist verärgert. Die Kinder sollen doch die neuen Sachen zum Geburtstag der Oma anziehen. Wie kann man nur so unzuverlässig sein.

Das Kind sagt nichts.

Die Röcke werden gerade noch rechtzeitig fertig. Die jüngere Schwester dreht sich, lässt den Glockenrock fliegen, freut sich über die hübschen Gänseblümchen am Saumrand. Die Mutter ist bei diesem Anblick versöhnlich gestimmt.

Das Kind kann sich nicht über das neue Kleidungsstück freuen.

Mit den neuen Sachen ausstaffiert, fahren die Kinder mit der Mutter zur Geburtstagsfeier der Oma. Die Mutter ist zufrieden. Was habe ich doch für hübsche Kinder.

Das Kind trägt den Rock nur sehr ungern und erfindet immer neue Ausreden, um ihn nicht anziehen zu müssen. Irgendwann wird der Rock zu klein.

Helau

Voller Abscheu blickt das Kind in das gerötete Gesicht, das sich zu ihm heruntergebeugt hat. Na Kleine, sagt der große Mund, aus dem Bieratem strömt, hast du deine Eltern verloren? Das Kind steht stocksteif, hält die Hand der kleinen Schwester fest umklammert.

Du musst doch keine Angst haben. Ein zweites Gesicht beugt sich zu den Kindern herab. Wir tun doch nichts. Das Kind weicht zurück, streift mit einem hektischen Blick die Männer am Tresen, alle mit einem Glas Bier vor sich. Die Luft ist neblig vom Zigarettenrauch. Es stinkt nach Bier und Schnaps.

Die Kneipe ist brechend voll. Es ist Rosenmontag. Alle Tische sind besetzt mit schunkelnden, lachenden Menschen, die merkwürdig aussehen. Die verkleideten Gestalten drubbeln sich sogar in den Gängen zwischen den Tischen. Für kleine Schneeflocken ist da kein Platz.

Die Jukebox dröhnt. So ein Tag, so wunderschön wie heute ... Dem Kind ist nach Heulen zumute. Es steht mit seinem niedlichen Schneeflockenkostüm eingekeilt in der Menge. Die Schwester zerrt an seinem Arm. Das Kind sieht die dicken Bäuche der Männer auf Augenhöhe, die ausladenden Busen der Frauen. Es sieht geschminkte Herzchen auf den Wangen der Frauen und Männer, es sieht die bunten neckischen Karnevalshütchen auf Hochsteckfrisuren und Glatzen. Der Gestank der Kneipe, ein Gemisch von Ausdünstungen, heißen Leibern, Schminke, Alkohol und Zigaretten nimmt dem Kind den Atem.

Wenn das Wasser im Rhein goldner Wein wär ... Ein Lied nach dem anderen spuckt die Jukebox aus. Das

Kind hält die kleine Schwester fest im Griff. Es ist auf der Hut, seine Blicke hetzen panisch suchend umher.

Hoffnungslos. Keine Eltern weit und breit. Zu viele Menschen. Zu viele Beine und Bäuche und Busen. Zu viele Gesichter. Zu viel Krach. Das Kind fühlt sich klein und verloren.

Wie heißt du denn? Wieder ein Gesicht, das sich herabbeugt. Vielleicht haben wir eure Eltern ja gesehen.

Das Kind antwortet nicht.

Na, komm mal zu Papi auf den Schoß.

Der Mann streckt die Hände einladend aus.

Nein, gellt das Kind, nein, und quetscht sich, die kleine Schwester hinter sich her zerrend, durch die Vielzahl der bunten Hosenbeine, Hexenschürzen und netzbestrumpften Beine, die Kneipentür fest im Blick, nach draußen. Die kleine Schwester jammert, lässt sich aber von der Großen widerstandslos mitziehen.

Der Bürgersteig vor dem Lokal ist fast so voll wie die Kneipe; auch hier wird geschunkelt und gesungen. Wenigstens ist die Luft nicht so schneidend. Tief atmet das Kind durch, schaut wieder um sich, weiß nicht, wohin es sich wenden soll.

Plötzlich hört es seinen Namen. Es dreht sich um und sieht eine Bekannte der Mutter. Da hab ich euch doch gefunden. Gott sei Dank. Ihr hattet bestimmt Angst, oder?, fragt sie mitfühlend. Das Kind nickt. Tränen rinnen jetzt die Wange hinab. Ich weiß, wo eure Eltern sind. Sie haben euch schon vermisst und wir sind ausgeschwärmt, um euch zu suchen. Die Bekannte nimmt die Kinder an die Hand.

Am Abend, als die Eltern die Kinder ins Bett bringen, fällt der Gutenachtkuss besonders innig aus.

Taufe mit Eierlikör

Endlich ist die kleine Schwester da, mit einem schwarzen Strubbelkopf und schreiend. Der dicke Bauch der Mutter ist ein bisschen geschrumpft. Noch während die Mutter im Krankenhaus liegt, werden die Tauffeierlichkeiten für das Neugeborene vorbereitet. Die Mutter ist bei der Taufe nicht dabei. Sie soll sich noch ausruhen. Aber warum wartet man nicht, bis die Mutter wieder zu Hause ist? Mit den Antworten der Erwachsenen kann das Kind nicht viel anfangen. Das ist so Sitte. Das macht man so. Die katholische Kirche verlangt das.

Vorsorglich hat die Mutter für die beiden Großen schon neue Kleider genäht, hellblauer Stoff mit weißen Punkten, mit einem Bubikragen und einer großen Propellerschleife hinten. Für beide Kinder hat die Mutter das gleiche Kleid genäht. Beinahe wie Zwillinge. Aber nur beinahe. Das Kind bedauert schon im Voraus die jüngere Schwester, die das Kleid der Großen nachtragen muss. Noch ein Jahr Punkte und Schleifen. Manchmal findet es das Kind doch gar nicht so schlecht, die Große, die ältere Schwester zu sein. Jedenfalls was das Nachtragen von Kleidern betrifft.

Die Tischwäsche liegt frisch gewaschen und gestärkt bereit. Das Silber hat die Haushaltshilfe noch mal geputzt. Das gute Service ist durchgezählt und steht sauber auf der Anrichte.

Die ältere Schwester der Mutter rückt an und organisiert alles noch Notwendige: Kuchen backen, Braten braten, Kartoffeln schälen, Gemüse putzen und kochen. Für die Getränke sorgt der Vater.

Neben der Schwester der Mutter und ihrem Mann sind zur Taufe auch zwei der vielen Schwestern des Vaters eingeladen. Tante Mia und Tante Mine, zwei unverheiratete Tanten, die wohl, so überlegt das Kind, deshalb eingeladen wurden, weil sie ja keine eigene Familie haben. Die Armen. Ob sie wohl unglücklich waren, dass sie keinen Mann und keine Kinder haben? Eigentlich sahen sie ganz normal und zufrieden aus. Und außerdem waren sie berufstätig. Das Kind denkt darüber nach, ob Mutter sein ein Beruf ist.

Alle Gäste fahren in einem Auto vor. So viele Autos stehen sonst nie vor der Haustür auf der Straße. Fast erschreckt sich das Kind über das Auto der Tanten, als sich plötzlich das gesamte Vorderteil hebt mitsamt dem Lenkrad, und die Tanten vergnügt aus dem Auto springen.

Am meisten freut sich das Kind aber darüber, dass seine geliebte Tante Agnes gekommen ist. Als sie noch in der großen Stadt im Ruhrgebiet wohnten, war die kleine Tante fast jeden Tag zu Besuch. Manchmal noch denkt das Kind daran, wie sie Hand in Hand durch den nahen Tierpark spaziert sind oder durch die am Stadtrand liegenden Kornfelder. Seit die Familie in der Kleinstadt wohnt, sieht das Kind die Tante nur noch selten.

Es ist August. Es ist der Sommer, in dem zeitweise das Wasser rationiert wurde, Wannen und Töpfe mit Wasser in Küche und Bad standen, zum Waschen, zum Kochen. Es ist der Sommer, in dem das Kind schwimmen lernte. Es ist der Sommer, der so heiß war, dass die Kinder den ganzen Tag nur mit einem Höschen bekleidet herumliefen und selbst die Erwachsenen ihre Kleidung auf das Nötigste reduzierten. Es ist der

Sommer, der der Mutter mit ihrem dicken Bauch zu schaffen gemacht hat. Wie oft hat das Kind die Mutter über die unerträgliche Hitze stöhnen hören.

Aber an diesem Tag, dem Tag der Taufe, ist es nicht so heiß. Die Tanten tragen Kostüm mit Hut, die Männer einen dunklen Anzug, der dem feierlichen Anlass angemessen ist. Die Schwester der Mutter hält, als Patentante, das neue Geschwisterchen warm verpackt in einer Decke im Arm. Das Kind ist stolz, die Taufkerze halten zu dürfen, und fühlt sich richtig wohl in der Rolle der großen Schwester. Wie sehr große Schwester es noch werden sollte, ahnt es allerdings noch nicht. Es wird die kleine Schwester im Kinderwagen spazieren fahren, es wird der kleinen Schwester das Laufen beibringen, es wird mit der kleinen Schwester sprechen üben.

Zum Mittagessen gibt es, was es bei Feierlichkeiten wie diesen immer gibt, einen Schweinebraten. Das Kind mag den Braten, auch die Soße, aber nicht das Gemüse mit Mehlschwitze. Es stochert eher lustlos darin herum. Aber niemand nimmt davon Notiz. Die Mutter ist ja noch im Krankenhaus. Die Erwachsenen haben sich viel zu erzählen, über Politik, über die Familie, besonders über abwesende Familienmitglieder. Das Kind versteht nicht viel und wartet sehnsüchtig auf den Nachtisch. Apfelsinenschaumcreme.

Keiner kann sie so gut machen wie die Mutter. Aber sie hat der Haushaltshilfe genau erklärt, wie es geht. Das Kind langweilt sich. Es schneidet Grimassen. Die jüngere Schwester muss lachen. Bald machen beide Kinder Faxen, ohne dass jemand von den Erwachsenen etwas sagt.

Endlich kommt der ersehnte Nachtisch. Nicht ganz so gelungen wie bei der Mutter, aber es schmeckt trotzdem. Das Kind schleckt zufrieden seinen Glasteller ab. Auch das hätte die Mutter nicht gern gesehen. Aber der Tag ist eben ein besonderer Tag und die Mutter nicht da.

Nach Kaffee und Kuchen am Nachmittag werden Schlips und Kragen gelockert, die Jacketts ausgezogen, die Kostümjacken über die Stuhllehnen gehängt. Nun beginnt der gemütliche Teil der Feier, bemerkt der Vater augenzwinkernd. Alle Gäste wechseln ins Wohnzimmer hinüber, lassen sich, vollgefüllt mit Fleisch und Kuchen, in Sofa und Sessel sinken. Die Männer rauchen eine Zigarre oder Zigarette. Es gibt Bier, Wein und für die Frauen auch Likör. Ob er auch Eierlikör habe, fragt die Tante Mia den Vater. Natürlich hat er.

Und während die Feier allmählich ausklingt, die Rauchschwaden den Raum immer mehr einnebeln, die Gesichter sich vom Alkohol röten, schnuppert das Kind heimlich an der Eierlikörflasche. Das bemerkt die Tante Mia und fragt das Kind, ob es einmal probieren wolle. Welch eine Frage! Und ohne dass der Vater etwas bemerkt, hat die Tante schon – schwupps – ein Likörgläschen, eins von diesen flachkelchigen, hervorgeholt und etwas Likör hineingetröpfelt.

Das Kind nippt vorsichtig. Süß, etwas scharf, der Alkohol steigt ihm in die Nase. Es muss niesen. Mhm, lecker. Das Kind ist selig. Damit auch ja nicht ein Tropfen verloren geht, leckt es den Kelch des Likörgläschens sorgfältig aus und stellt dann das Glas unbemerkt auf den Tisch. Die Tante zwinkert ihm zu.

Von diesem Geheimnis zehrt das Kind noch lange und erinnert sich zuletzt daran, als es viele Jahrzehnte

später, längst erwachsen, mit einem Teelöffelchen ver-
dünnten Eierlikörs der dementen alten Tante einen
Seufzer des Wohlbehagens und den Hauch eines
Lächelns entlockt.

Fleißkärtchen und Heiligenbildchen

Rauf, runter, rauf, Pünktchen drauf. Die erste Reihe der Schiefertafel ist schon fast voll, rauf, runter … Das Kind kratzt die Linien energisch zwischen die Rillen, die Anfang und Ende des Buchstabens bestimmen. Es ist ganz versunken in seine Arbeit. Rauf, runter, rauf, Pünktchen drauf. Zwei Reihen mit lauter /i/, hat die Lehrerin gesagt.

In die dritte und vierte Reihe schreibt das Kind lauter Spazierstöcke, für die es leider nicht so einen schönen Spruch gibt. Aber dafür sehen die vielen /r/ fast aus wie Vögel, die gleichmäßig aufgereiht auf einer Stange hocken. Zufrieden betrachtet das Kind die beiden sauberen Vogelreihen.

Jetzt noch zwei Reihen mit /m/. Wenn man die mitspricht, mitsummt, kitzelt es in der Nase. Das Kind liebt die schwingende Bewegung beim Schreiben, wobei es aufpassen muss, dass es genügend Bögelchen macht. Drei Bögelchen beim /m/, zwei Bögelchen beim /n/.

Das Kind schreibt gern auf seine Schiefertafel. Es liebt jeden einzelnen Buchstaben. Das behäbige /b/, das dicke /d/, das kratzige /k/, das luftige /l/. Die Lehrerin ist sehr zufrieden. Wenn die Lehrerin sehr zufrieden ist mit einer Leistung, gibt es ein Fleißkärtchen. Die Lehrerin ist streng und vergibt nur Fleißkärtchen für besondere Leistungen. Das Kind hat schon viele Fleißkärtchen gesammelt. Es lernt gern, lesen, schreiben, rechnen.

Obwohl erst wenige Wochen verstrichen sind, seit das Kind in banger, aber auch freudvoller Erwartung das erste Mal in diesem Klassenraum gesessen hat, besitzt es schon sechs Fleißkärtchen. Fleißkärtchen. Es steht sogar drauf, in schnörkeliger Schreibschrift. Das kann das Kind schon lesen. Die Kärtchen selbst sehen eher unscheinbar aus, klein, aus gräulicher Pappe, passen sie in die Seitentasche des Federmäppchens. Sechs Fleißkärtchen. Nur ein Kind hat es bislang auf zehn geschafft – und zur Belohnung ein Heiligenbildchen bekommen. Ein Bildchen von der heiligen Elisabeth, mit Heiligenschein und Rosenkörbchen. So ein Heiligenbild will das Kind auch unbedingt haben. Wenn man zehn Heiligenbildchen hat, gibt es dafür sogar ein großes Bild von dem lieben Herrn Jesus oder der heiligen Muttergottes.

Unvorstellbar viele Fleißkärtchen muss man dafür haben. Für jedes Heiligenbild zehn Fleißkärtchen, wie viel das ist? Der Vater zeigt es dem Kind mit dem Abakus. Jede Perle steht für ein Fleißkärtchen, zehn Perlen in einer Reihe sind ein Heiligenbild. Zehn Reihen mit zehn Perlen, zehn Mal zehn. Welche Zahl ist das? Hundert. Das Kind will unbedingt ein Bild vom heiligen Herrn Jesus. Hundert Mal besonders fleißig sein, hundert Mal gelobt werden, hundert Mal eine Belohnung bekommen. Die Lehrerin hat der Klasse die Bilder von Jesus und der Muttergottes gezeigt. Jesus, ein gütiges, bärtiges Gesicht mit einem ganz feinen Lächeln, einem strahlenden roten Fleck auf der Seite, wo das Herz war, und die zum Segnen erhobene linke Hand. Die Muttergottes in ihrem tiefblauen Sternenmantel mit dem Jesuskind auf dem Schoß.

Das Kind strengt sich an. Doch scheint die Lehrerin das immer seltener zu bemerken. Selbst auf Nachfragen hört das Kind höchstens: ja, ganz ordentlich, aber kaum noch bekommt es ein Extralob und ein Fleißkärtchen. Schließlich ist es doch so weit, kurz vor den Sommerferien. Stolz marschiert das Kind mit seinem Päckchen Fleißkärtchen, um die es extra ein Gummi gewunden hat, damit auch ja keins verloren geht, in der Pause nach vorn zum Pult. Die Lehrerin ist noch beschäftigt. Das Kind wartet. Dann endlich hebt die Lehrerin den Blick. Was willst du? Hier, das Kind streckt der Lehrerin das Päckchen entgegen. So, du hast also zehn Fleißkärtchen gesammelt. Und jetzt möchtest du die gegen ein Heiligenbildchen eintauschen. Ja, nickt das Kind. Bitte, ich möchte die heilige Elisabeth. Da hast du aber Pech. Das Letzte hat gestern die Ulrike bekommen. Das Kind ist enttäuscht, lässt sich aber nichts anmerken. Von den angebotenen Heiligenbildchen fischt es schließlich das vom heiligen Stephanus heraus. Es zeigt den Märtyrer, wie er von Steinen tödlich getroffen blutüberströmt zu Boden sinkt. Wirklich, willst du dieses Bild? Ja. Das Kind legt den Packen Fleißkärtchen hin und verstaut das Heiligenbild in seiner Federmappe.

Bis zu den Herbstferien hat sich das Kind nur drei neue Fleißkärtchen erarbeitet. Viele andere Kinder heimsen weiterhin ihre Fleißkärtchen ein und zeigen stolz die Heiligenbildchen herum, die sie für ein Zehnerpäckchen eingetauscht haben. Das Kind rechnet, schreibt, liest, zeigt auf, ruft auch mal in die Klasse, wenn die Lehrerin so gar nicht wissen will, was es schon alles kann und gelernt hat. Aber es erhält kein Fleißkärtchen mehr. Immer seltener lobt die Lehrerin das Kind, immer häufiger schilt sie es. Du bist zu vorlaut, darfst nicht immer in die Klasse hineinrufen. Bleib still auf deinem Stuhl sitzen. Während des

Unterrichts wird nicht gesprochen. Wenn du fertig bist, lenk die anderen Kinder nicht ab, hampel nicht, spiel nicht mit den Stiften.

Das Kind langweilt sich. Es geht ihm alles zu langsam. Es will schneller lernen. Oft ist es zu hastig. Siehst du, schon hast du dich wieder verlesen, mahnt die Lehrerin. Langsam, Wort für Wort. Du machst zu viele Fehler. Hier und hier. Die Lehrerin zeigt auf die Rechenpäckchen. Das Kind bemerkt die Fehler sofort und ärgert sich. Es nimmt sich vor, bis Weihnachten wenigstens noch ein zweites Heiligenbildchen zu bekommen. Viele Kinder haben schon längst zwei, manche sogar drei. Zu den drei Fleißkärtchen vor den Herbstferien ist bislang nur ein einziges hinzugekommen. Das Kind hat eine Blitzidee. Was, wenn es dem ein oder anderen Kind, das schon zwei Bildchen besitzt, ein Fleißkärtchen abkauft? Jeden Sonntag bekommt es einen Groschen. Ob das genügt?

Kurz vor Weihnachten hat das Kind dann tatsächlich ein Zehnerpäckchen Fleißkärtchen beisammen. In der Pause der letzten Schulstunde vor den Ferien, als alle Kinder das Klassenzimmer verlassen haben, tritt es wieder ans Lehrerpult und hält der Lehrerin das Päckchen hin.

Diese sieht das Päckchen und schaut ungläubig. Du hast zehn Fleißkärtchen? Das kann nicht sein. Moment. Sie kramt in ihren Unterlagen und zieht ein Blatt hervor. Auf diesem Blatt sieht das Kind säuberlich untereinander alle einundvierzig Namen der Schülerinnen aufgeschrieben. Die Striche neben den Namen markieren die Anzahl der Fleißkärtchen, nach zehn Strichen steht jeweils ein Kästchen, danach beginnen die Striche erneut. Hinter dem Namen des Kindes stehen zehn Striche, ein Kästchen für ein Heiligenbild und noch einmal vier Striche. Dem Kind wird heiß. Von dieser Buchführung hat es nichts gewusst und jetzt ist es zu spät. Schuldbewusst senkt es den Kopf, will die Hand mit den Kärtchen zurückziehen.

Stopp. Die Lehrerin schnappt nach der Kinderhand, schraubt sie regelrecht fest. So kommst du mir nicht davon, du kleine Betrügerin. So nicht. Du wirst ab sofort, das heißt, nach den Weihnachtsferien, zur Strafe zweimal in der Woche nachsitzen, mindestens einen ganzen Monat lang. Sei froh, dass ich deinen Eltern nichts sage.

Zu Hause erzählt das Kind, dass sich der Stundenplan geändert hat und der Unterricht nach den Weihnachtsferien dienstags und donnerstags länger dauert. Die Eltern fragen nicht weiter nach. Der Vater muss den ganzen Tag arbeiten, und die Mutter ist mit der jüngeren Schwester, dem Baby und dem großen Haushalt genügend beschäftigt. Das Kind muss nun zweimal die Woche in der zweiten Klasse nachsitzen. Mit den Zusatzaufgaben ist es rasch fertig. Dafür lernt es dann die Zahlen bis tausend und noch viele andere spannende Sachen, die den Erstklässlern vorenthalten wurden, völlig zu Unrecht, wie das Kind findet.

Das Bild des lieben Herrn Jesus rückt in weite Ferne. Bis zu den Versetzungszeugnissen zu Ostern erhält das Kind kein einziges Fleißkärtchen mehr. Aber es muss immer häufiger nachsitzen. Bald sind ihm die Fleißkärtchen egal. Der Unterricht in der zweiten Klasse ist viel spannender.

Als das Kind nach dem Abitur das Elternhaus verlässt und sein Zimmer aufräumt, fällt ihm das Heiligenbildchen mit dem heiligen Stephanus in die Hände.

Es betrachtet das bunte Bildchen kurz, zerreißt es und wirft die Schnipsel in den Papierkorb.

Lieblingsessen

Mandarinen aus der Dose – ein Luxus, der die mandarinenlose Sommerzeit überbrücken hilft.

Gute Butter – nur gute Butter ist wirklich gute Butter.

Echter Bohnenkaffee – richtig teuer und deshalb nur für besondere Gelegenheiten, meist gibt es:

Carokaffee – mit Knabbeln, die mit Zucker bestreut im Kaffee aufgeweicht und mit einem Löffel gegessen werden.

Spiegelei – mit heilem Eigelb in der Mitte.

Makkaroni – noch vor den Spaghetti eine Mehlspeise, die es meist freitags mit Dörrobst gibt.

Himmel und Erde – bevorzugt am Montag gekocht, weil man das so schön mit der übrig gebliebenen Bratensoße vom Sonntag vermatschen kann.

Dosenpilze – immer noch besser als gar keine Pilze.

Selbst gemachter Vanillepudding mit Himbeersoße – die Kunst besteht darin, den Pudding ohne Haut hinzukriegen.

Selbst gemachter Schokoladenpudding mit Vanillesoße – wer Nachschlag will, muss sich beeilen.

Apfelsinenschaumcreme – gibt's nur an Festtagen wie Weihnachten, Ostern, Taufe, Kommunion oder anderen Feiertagen.

Stippmilch mit Sauerkirschen – nur für liebe Kinder, die ihren Teller leer gegessen haben.

Hühnerfrikassee mit Reis – die Hühnerpelle hat immer Gruselfaktor.

Eissandwich – Erdbeereis mit Zahnschmerzen, wenn die Zähne durch die Waffel auf das kalte Eis treffen.

Möpkenbrot mit Rübenkraut – die Geschmäcker gehen manchmal seltsame Wege.

Erdbeeren mit Schlagsahne – gibt es Menschen, die das nicht mögen?

Eingemachte Pfirsiche – Obst, das man pflücken kann, wird eingemacht und nicht in der Dose gekauft.

Pflaumenmus – wird stets rationiert, weil die Herstellung sehr mühsam ist. Dafür ist die Vorfreude umso größer, wenn der große Topf mit den Pflaumen auf dem Herd vor sich hin köchelt und die Mutter immer wieder umrührt.

Dicke Bohnen mit Pellkartoffeln – in dem Fett einer ausgelassenen Speckschwarte gekocht, lecker, aber nicht jedermanns Sache.

Lieblingsessen

Rindfleischsuppe und Hühnersuppe – Suppenkasper. Mund auf und schlucken.

Pfannkuchen mit ganz viel Marmelade – süß, und deshalb beliebt.

Rohe Rhabarberstangen, eingetunkt in ganz viel Zucker im Eierbecher – schrecklich schön sauer in süß.

Erdbeerkuchen – eigentlich ist der Boden immer überflüssig.

Nugatschiffchen – eine Fett- und Kalorienbombe zum Schlechtwerden.

Lakritze – teilt die Menschen in Lakritzesser und Nichtlakritzesser ein.

Trockenes Babymilchpulver – schmeckt eben wie Babymilchpulver.

Babybrei – Mund auf, Löffel rein, schlucken. Wenn alles immer so einfach wäre.

Mussessen

Bratwurst mit dicken Fettstücken – Ekelfaktor 100, nicht nur wegen der Fettstücke.

Stachelbeeren – zu viel ist zu viel.

Stachelbeermarmelade – alternativlos.

Eingemachte Pflaumen – optisch wie geschmacklich eine Verirrung.

Stielmus – essbar ist das Beste, was man dazu sagen kann.

Gekochte Kohlrabi mit Mehlschwitze – die Geschmacklosigkeit gekochter Kohlrabi wird nur übertroffen von der Mehlschwitze.

Gekochte grüne Bohnen – siehe Kohlrabi.

Eingedickte Tomatensuppe – eine rötliche Mehlpampe.

Blumenkohl mit Mehlschwitze – Gemüse ohne Mehlschwitze ist in den 50ern undenkbar. Dabei kann Gemüse so lecker sein.

Gekochte Erbsen und Möhren in Mehlschwitze – und noch einmal.

Haferschleim – heißt so wegen seiner schleimigen Konsistenz, Haferflocken in Wasser aufgequollen und gekocht.

Brechessen

Blutwurst – Blut und Speck. Ungenießbar.

Lebertran – ebenfalls ungenießbar, aber lebensnotwendig.

Verbranntes Spiegelei mit hartem Eigelb – Essen ist Gottesgabe und wird nicht weggeworfen. Dann muss man eben kotzen.

Hühnerhaut gekocht – niemals.

Statussymbol Essen

Pumpernickeldreiecke mit Käse – optisch langweilig, aber typisch westfälisch.

Käsewürfel mit Weintrauben – ein Evergreen.

Hawaitoast – zwischen einer Scheibe gekochtem Schinken und geschmolzenem Käse eine Scheibe Ananas, süß und salzig zugleich, der Schlager jeder Einladung.

Obstsalat aus der Dose – bunt und süß, nährwertfrei.

Cocktailkirschen – knallrot, bereichern farblich jeden Obstsalat.

Spargel-Schinkenröllchen – mit Spargel aus der Dose.

Russische Eier mit viel Mayonnaise – dürfen auf keinem Häppchenteller fehlen.

Blutwurst

Der Onkel hat geschlachtet, erzählt die Mutter.

Der Onkel ist Bauer. Den Hof kennt das Kind von vielen Besuchen gut, den Stall mit den Milchkühen und den Schweinestall. Die Kühe hat es schon gestreichelt, auch beim Melken zugeschaut. Es mag den Geruch frischer Milch, wenn sie in den Eimer schäumt und anschließend in die Milchkannen geschüttet wird. Die Milchkannen warten in der Milchküche darauf, abgeholt zu werden. Manchmal darf das Kind mit der Tante in die Milchküche und zusehen, wie die Sahne abgeschöpft wird.

Vor den Schweinen hat das Kind Respekt. Sie wirken so mächtig mit ihren großen rosigen Leibern in den engen Boxen. Und nun hat der Onkel eines dieser Schweine geschlachtet und die Eltern haben ein halbes Schwein gekauft.

Das Kind stellt sich ein halbes Schwein vor. Ein Auge, ein Ohr, ein Nasenrüsselloch, zwei Beine und einen halben Schwanz. Und der riesige halbe Körper. Wo soll der hin? Die Speisekammer ist zu klein. Das Kind ist gespannt – und sehr enttäuscht, als schließlich das halbe Schwein geliefert wird. Eine ganze Wanne voller Würste und Fleisch in Dosen und Gläsern, die Würste in die Vorratskammer, die Dosen in den Keller. Kein geteilter Ringelschwanz, keine Schweineschnauze.

Der Schinken muss erst noch reifen, erklärt der Vater. Das dauert noch eine Weile. Damit ist auch geklärt, wo die Beine geblieben sind.

Beim Abendbrot schneidet der Vater eine Wurst auf. Sie hat eine komische Farbe, findet das Kind, rot, etwas braun, mit weißen Stippen darin. Das ist Blutwurst. Der

Onkel hat ein spezielles Rezept. Sehr lecker, preist der Vater die Wurst an. Es wird in nächster Zeit viel Blutwurst geben. Jedes Kind bekommt für sein Butterbrot einige Trielen auf den Teller gelegt. Das Kind beißt vorsichtig ein Eckchen ab und muss augenblicklich würgen. Es versucht zu schlucken, aber der Gedanke an das Blut schnürt ihm die Kehle zu. Na, schmeckt gut, oder?, fragt der Vater kauend. Das Kind nickt mit abgewandtem Gesicht und schiebt den Bissen in die Backentasche. Es beißt noch einmal ein winziges Stückchen ab, um den Vater nicht zu enttäuschen. Vor Anstrengung, den Würgereiz zu unterdrücken, treten ihm Tränen in die Augen.

Ich muss mal, nuschelt das Kind, drückt sich aus der Eckbank, öffnet die Esszimmertür, schließt sie hinter sich, rast zur Toilette und spuckt und würgt und spuckt, bis alles aus Hals und Mund in der Kloschüssel gelandet ist. Das Kind zieht zwei Mal ab, bis wirklich alle Reste von dem Wasserschwall die Kloschüssel hinab gespült sind.

Das Kind wäscht sich das Gesicht, spült den Mund aus, trocknet sich sorgfältig die Hände ab, setzt ein Lächeln auf und geht wieder zurück. Der Vater guckt streng. Du weißt, dass man während des Essens am Tisch sitzen bleibt, bis alle fertig sind. War es denn so dringend? Das Kind nickt, ohne den Vater dabei anzuschauen. Auf keinen Fall kann es den Rest der Blutwurst auf dem Teller in den Mund nehmen. Ratlos starrt es auf seinen Teller. Aber der Zufall kommt ihm zu Hilfe. Das Telefon klingelt. Der Vater muss zum Krankenhaus, die Mahlzeit ist beendet und es wird abgeräumt. In einem unbewachten Augenblick lupft das Kind rasch die Klappe der Eckbank, auf der es sitzt, und wirft die Reste der Blutwurst hinein.

In den folgenden Wochen gibt es täglich Blutwurst, die Vorräte scheinen unerschöpflich. Das Kind entwickelt eine Technik, die Wurst in der Eckbank verschwinden zu lassen, ohne dass es jemand merkt. Das geht eine ganze Weile gut.

Aber dann kommt die Adventszeit. Die Mutter will die Eckbank im Esszimmer vor Weihnachten noch einmal gründlich säubern und aussortieren, was sich im Laufe des Jahres darin so alles angesammelt hat. Die Eckbank dient auch als Aufbewahrungsort für die Spielsachen der Kinder.

Das Kind gerät in Panik. Längst hat es den Überblick darüber verloren, wie viel Blutwurst in der Bank gelandet ist. Die Mutter öffnet die Klappe. Das Kind ist sprachlos bei dem Anblick, der sich ihm bietet. Etliche Blutwurstscheiben liegen verstreut zwischen ausrangierten Spielsachen. Bei manchen Scheiben sind die Ränder hochgewölbt, sie sehen speckig glänzend und gleichzeitig vertrocknet aus, einige haben einen flauschigen Schimmelpilz angesetzt, der sich mit dem kartonierten Deckel eines Spiels verbrüdert hat oder über das Holz der Eckbank gewuchert ist.

Anders als das Kind befürchtet hat, schimpft die Mutter nicht, sondern seufzt nur und schickt das Kind nach Gummihandschuhen und Eimer, Bürste und Lappen und einer großen Abfalltüte. Dort hinein wandert der gesamte Inhalt der Spielkiste. Die letzten Spuren der Blutwurst in der Eckbank werden gründlich weggeschrubbt.

Anschließend darf das Kind der Mutter beim Schmücken des Adventskranzes helfen.

Rita

Das Kind weiß später nicht einmal mehr, ob das Mädchen wirklich so hieß. Aber in seiner Erinnerung ist dieser Name unauslöschlich mit Neid und Eifersucht verbunden.

Das erste Mal sieht es Rita auf der Straße, an einem stürmischen Tag im November. Der Wind wirbelt die Blätter der Straßenbäume mal hierhin, mal dorthin. Gebeugt stemmen sich die wenigen Fußgänger mit ihren Schirmen gegen den peitschenden Regen.

Ein kleines Mädchen steht auf der gegenüberliegenden Straßenseite.

Das Kind kann das Mädchen beobachten von seinem Fenster im 1. Stock. Es kniet auf dem Bett, hat die Gardine nur einen kleinen Spalt geöffnet.

Das Mädchen steht da, einfach so. Mitten im Regen. Ohne Jacke und Mütze, ohne Schirm, in einem Kleid, das regennass an seinen Beinen klebt. Es ist kalt im Novemberregen und Novemberwind. Der Regen läuft dem Mädchen in Rinnsalen aus den glatten, dünnen, dunklen Haaren. Irgendwie ist das Mädchen dem Kind nicht ganz geheuer. Warum hat es keinen Mantel an? Steht einfach so im Regen, ein Bündel Papiere unter den linken Arm geklemmt, über der rechten Schulter einen formlosen Beutel.

Plötzlich sieht das Kind, wie die Papiere davonwirbeln. Ein Windstoß muss sie erfasst haben. Das Kind hat es so genau gar nicht recht mitbekommen. Die Blätter liegen plötzlich überall verstreut, auf der Straße, auf dem Gehsteig. Das Mädchen läuft hierhin und dorthin, um sie einzusammeln. Autos hupen. Das Mädchen schert sich nicht drum. Erschreckt, fasziniert starrt das Kind von seinem trockenen, beschützten Guckplatz hinunter auf die Straße. Die verschmutzten und nassen Blätter stopft das Mädchen in den Beutel.

Dann hört das Kind unten die Haustür und sieht die Mutter. Sie ruft das Mädchen herbei. Es kommt, wenn auch zögerlich. Die Mutter und das fremde Mädchen verschwinden aus dem Blickfeld. Die Haustür klappt.

Das Kind geht langsam die Treppe nach unten.

Im Flur steht Rita, so heiße es, antwortet das Mädchen auf die Frage der Mutter. Rita, das ist Rita, sagt die Mutter betont und mit festem Blick auf das Kind.

Rita ist klein, schmächtig und hässlich mit ihrem breiten Mund und den Zahnlücken, der dicken Nase und den schwarzen Augen. Rita schaut finster.

So von Nahem betrachtet, fürchtet sich das Kind beinahe noch mehr vor dem fremden Mädchen. Der Blick aus Ritas Augen ist ihm unheimlich.

Die Mutter gibt Rita trockene Kleider, abgelegte. Rita ist, wie sich herausstellt, so alt wie das Kind, aber viel kleiner. Sie sieht hungrig aus und zittert vor Kälte.

Rita ist neu in der Stadt. Die Mutter fragt. Nein, in der Schule ist sie noch nicht gewesen. Aber nächste Woche soll sie gehen. In die erste Klasse. Und die Blätter? Rita zuckt die Schultern. Die Mutter fragt nicht weiter.

Rita bekommt die Reste vom Mittagessen. Die Mutter sagt nichts, obwohl Rita frisst wie ein Schwein. Die Gabel übervoll, stopft sie mit den Händen nach, was nicht schnell genug in den Mund passen will.

Mund auf, kauen, schmatzen, schlucken, Mund auf, kauen, schmatzen, schlucken.

Dabei wird in der Familie sehr viel Wert auf Tischmanieren gelegt. Man führt die Gabel und den Löffel zum Mund, nicht umgekehrt. Mit den Fingern essen ist streng verboten. Den Mund darf man nicht zu voll machen. Das ist unfein und sieht gierig aus. Beim Kauen bleibt der Mund zu. Schmatzen ist unanständig.

Aber Rita isst den Teller leer. Braves Kind. Wer seinen Teller leer isst, bekommt auch Nachtisch. Wer seinen Teller nicht leer isst, muss so lange am Tisch sitzen bleiben, bis der Teller leer ist. Leer gegessene Teller sind wichtig. Aufessen ist wichtig. Nicht aufessen heißt, Gottesgabe verschwenden. Das ist Sünde.

Rita sündigt nicht. Sie isst alles und alles auf.

Rita sei ein armes Kind, sagt die Mutter später. Sie wohne in Klein Korea, der Siedlung, wo erst die Flüchtlinge und andere heimatlose Menschen nach dem Krieg untergekommen sind. In Baracken. Und statt der Flüchtlinge leben nun diese Asozialen da. Armen Kindern muss man helfen. Sie können ja nichts dafür, hat die Mutter erklärt.

Kein Geld für Lebensmittel, aber Fernseher, raunen die Nachbarn, wenn sie sich über *DIE* unterhalten. Man sieht über jeder Hütte die Antennen. Solche Bemerkungen hört das Kind häufig, begleitet von einem abschätzigen Zungenschnalzen oder Augenrollen.

Die Mutter will helfen. Mit einer guten Tat komme man ein Treppchen höher im Himmel. Wer will nicht in den Himmel? Aber dürfen darf nur der, der eine gute Tat, viele gute Taten tut.

Rita kommt einmal in der Woche zum Mittagessen. Die Mutter umsorgt Rita: Rita muss zum Friseur, Rita braucht einen Mantel, Rita braucht Schuhe. Rita!

Man müsse Mitleid haben, sagt die Mutter. Uns geht es doch gut. Jeden Tag genug zu essen, ein warmes Bett und saubere Kleidung. Alle müssen nett zu Rita sein.

Aber Rita ist nicht nett, piesackt und ärgert alle Kinder in der Schule, klaut, was ihr unter die Finger kommt. Aber sagen, sagen darf man nichts. Schließlich haben wir es doch gut, mahnt die Mutter immer wieder. Keiner mag Rita mit ihrem stets verkniffenen Gesicht, ihren kleinen, bösartig blitzenden Augen. Das Kind geht Rita in der Schule aus dem Weg. Es wünscht Rita alles Böse der Welt.

Eines Tages ist Rita verschwunden. Sie kommt nicht mehr, nicht in die Schule, nicht zum Mittagessen. Den Grund erfährt das Kind später. Die Nachricht steht eines Tages in der Zeitung. Die Mutter liest den Artikel vor.

Klein Korea gibt es nicht mehr. Die Siedlung wurde von der Stadt abgerissen und eingeebnet.

Seitdem ist dort ein Acker. Im Sommer mit gelbem Weizen.

Der Spielplatz

Der große Tag ist gekommen. In der Zeitung hat es schon gestanden. Der neue Spielplatz soll eingeweiht werden. Endlich ein Platz zum Toben und Rennen für alle Kinder, die keinen Garten haben. Auf der Straße zu spielen ist schon lange verboten. Zu gefährlich. Immer mehr Familien haben ein Auto. Der Verkehr nimmt stetig zu.

Das Kind will unbedingt auf den neuen Spielplatz. Der ist ganz schön weit weg. Und dann muss es noch die kleine Schwester mitnehmen. Die andere Schwester verbringt den Nachmittag bei einer Spielfreundin. Die Mutter ist nicht da und das Hausmädchen will sich mit seinem Freund treffen. Die Mutter weiß nichts davon.

Erst muss das Kind noch seine Schulaufgaben erledigen. Das Baby wird in den Kinderwagen gelegt und gut eingepackt und dann geht es los.

Als das Kind am Spielplatz ankommt, sind die Einweihungsfeierlichkeiten schon vorbei. Der Weg war mit dem Kinderwagen doch länger und anstrengender als gedacht. Das Kind ist enttäuscht. Die Kinder, die mit ihren Müttern gekommen sind, manche noch ganz klein, noch im Kindergarten, schwenken bunte Papierfähnchen und haben einen Lutscher im Mund.

Die Schaukeln sind besetzt. Der Sandkasten mit dem hellen, noch sauberen Sand interessiert das Kind nicht. Es spielt lieber in den großen Sandbergen der Baustoffhandlung, zu der die Wohnung der Eltern gehört.

Aber die Reckstange, die hat es dem Kind angetan. Es gibt sogar unterschiedliche Höhen.

Das Kind stellt den Kinderwagen vor der Reckstange ab, zieht die Bremse an. Das hatte die Mutter ihm eingeschärft: Der Wagen darf nicht wegrollen. Es zieht sich an der Reckstange hoch. Rückwärts, vorwärts fallen lassen, die Stange in den Kniekehlen spüren, den Rock über dem Gesicht. Affenschaukel. Mit dem Oberkörper schaukeln und wieder hoch hangeln. Auf die Stange setzen. Von oben herab das Baby anlächeln. Und von vorn. Welch ein Spaß.

Plötzlich steht ein junger Mann vor dem Kind, mit einer Kamera in der Hand. Er macht Fotos. Das Kind fühlt sich angestachelt und turnt wilder, riskanter.

Am nächsten Tag steht das Foto in der Zeitung unter dem Bericht über den neuen Spielplatz. Auf dem Foto kann man das Gesicht des Kindes gut erkennen, das auf der Reckstange sitzt und fröhlich in die Kamera schaut, und den Kinderwagen vor der Reckstange.

Das Hausmädchen bekommt Ärger. Wieso, versteht das Kind nicht. Es ist doch nichts passiert.

Die Struwwelliese

Schon wieder Löcher in den Strümpfen, schimpft die Mutter. Warst du etwa wieder mit Rainer zusammen und den anderen Jungen? Ein Mädchen klettert nicht auf Bäume und Mauern. Ein Mädchen tut so etwas nicht.

Schuldbewusst hat das Kind den Kopf gesenkt. Sein Blick wandert von den dreckigen Schuhen hoch zu den kartoffelgroßen Löchern in der Strumpfhose. Die Ränder klaffen weit auseinander, franselig geben sie den Blick frei auf ein Gemisch aus Blut, Hautfetzen und Dreck. Die Worte der Mutter prasseln auf das Kind herab, baselig, wie ein Junge, wild, ungehörig, ungehorsam.

Die Mutter zieht das Kind die Treppe hinauf ins Bad, zerrt die kaputte Strumpfhose herunter und schrubbt die Knie mit einem nassen Waschlappen. Das tut weh, die Wut der Mutter tut weh. Das Kind rührt sich nicht, gibt keinen Ton von sich. So, sagt die Mutter schließlich, klebt ein großes Pflaster über die Schürfwunden, du bleibst den Rest des Tages und morgen im Haus. Du kannst mir gleich in der Küche helfen. Das Kind erwidert nichts, nickt nur. Der Zorn der Mutter scheint verraucht.

Das Kind holt eine saubere Strumpfhose aus dem Schrank, zieht sie vorsichtig über die verpflasterten Knie und stakst mit steifen Beinen die Treppe hinunter, geht durch die Diele, öffnet die Tür zum Esszimmer gerade so weit, dass es hindurchschlüpfen kann, schließt die Tür fast geräuschlos, setzt sich auf die Eckbank unter dem Fenster, blickt durch einen Spalt in der Gardine auf den Bürgersteig, auf die Straße.

Die Ampel springt gerade auf Rot. Mit quietschenden Bremsen hält ein LKW. Ein Mann geht am Fenster vorbei, zieht einen kleinen weißen Hund an der Leine hinter sich her. Der Hund sieht lustig aus mit seinem wuscheligen hochgereckten Stummelschwanz und den buschigen Haaren über den Augen.

Der Hund schnüffelt an dem Baum, der vor dem Fenster steht. Der Mann zerrt an der Leine. Der Hund zerrt am Halsband. Der Mann zerrt heftiger an der Leine. Der Hund ist klein und nicht sehr stark. Das Halsband schnürt ihm die Kehle ab. Widerwillig folgt er seinem Herrchen.

Das Kind schiebt die Gardine ein wenig zur Seite. Es haucht auf die Scheibe und malt einen Hund mit vier Beinen und hochgerecktem Schwanz auf das beschlagene Glas.

Die Autos haben schon die Lichter an. Es wird früher dunkel. Der Baum verschwindet allmählich im Dämmerlicht. Er ist nur ab und zu in plötzlich vorbeistreifendes Scheinwerferlicht getaucht. Das Kind stellt sich vor, der Baum sei ein verwunschener Prinz und warte auf seine Erlösung. So lange muss er unbeweglich am Straßenrand stehen. Das Kind nimmt sich vor, den Baum am nächsten Morgen auf dem Weg zur Schule zu umarmen.

Plötzlich wird es im Zimmer hell. Das Straßenbild verschwindet. Was machst du denn hier? Du solltest mir doch in der Küche helfen. Jetzt aber schnell. Die Mutter hat das Zimmer betreten.

Nach dem Abendbrot geht das Kind schlafen. Die Schrammen an den Knien haben Schorf angesetzt. Das Beugen der Knie tut weh. Im Bett, eingekuschelt in die warme Decke, malt sich das Kind aus, wie es wäre, wenn es alles dürfte, auf Bäume klettern und herunterfallen, über Mauern balancieren und über Zäune klettern, mit bloßen Füßen oder Gummistiefeln im Matsch patschen, dass es nur so spritzt, im Regen herumspringen und die nassen Haare fliegen lassen.

Zu Weihnachten bekommt das Kind ein Buch geschenkt, sein erstes Buch, seit es ein Schulkind ist. Ein Buch mit Bildern und kurzen Texten.

Vorn abgebildet ist ein Mädchen mit schief hängender Schleife im unordentlich geflochtenen Haar, mit herabhängenden kaputten Strümpfen und kaputten Schuhen, Dreck im Gesicht. Die Struwwelliese. Sie guckt frech und herausfordernd. Auf der letzten Seite sieht das Mädchen ganz anders aus. Es lacht fröhlich, mit blitzenden Augen. Es ist sauber und adrett. Dieses Wort kennt das Kind von der Oma. Adrett ist, wenn es am Aussehen nichts zu beanstanden gibt, die Haare ordentlich gekämmt, das Gesicht und die Hände sauber, die Strümpfe glatt und heil sind, das Kleid ohne Löcher und Klinken ist.

Das Kind blättert wieder zurück nach vorn und liest die Geschichte eines Mädchens, das faul und unordentlich ist, den Unterricht stört, in seiner Neugier vieles kaputt macht, und das auch durch Strafen nicht zu bändigen ist, bis es schließlich durch einen Beinbruch zum Stillhalten gezwungen und zum Nachdenken gebracht wird. Die Struwwelliese sieht ein, dass sie sich ändern, dass sie brav werden muss. So wie das letzte Bild sie zeigt.

Das Kind liest die Geschichte. Das Kind schaut sich die Bilder an. Immer wieder. Das Kind möchte auch ein braves Mädchen sein. Das Kind seufzt und lässt das Buch in den Tiefen der Eckbank im Esszimmer verschwinden.

Der Klecks

Alle Mädchen der 2. Klasse stehen hinter ihren Stühlen, ordentlich gekämmt, mit sauberen Fingernägeln und geputzten Halbschuhen, ein sauberes Taschentuch in der Rocktasche. Das hat die Lehrerin vor Beginn des Unterrichts bei allen Kindern kontrolliert, wie jeden Tag, seit die Mädchen das erste Mal das Schulgebäude voller Erwartung und Vorfreude betreten haben, mit vor Aufregung roten Bäckchen, die Schultüte mit den so seltenen Süßigkeiten fest im rechten Arm.

Jeden Morgen werden die Schulmädchen seit dem ersten Schultag kontrolliert. Für jede Beanstandung gibt es einen Punkt, Trauerränder unter den Fingernägeln, dreckige Hände, ungeputzte Schuhe, schlampig gebundene Schnürsenkel, ungekämmte Haare, ein unordentlich gepackter Ranzen ... Wer drei Punkte hat, muss nach Hause gehen.

Alle Kinder kommen mittlerweile sauber und adrett in die Schule, fast, mit einer Ausnahme. Gertrud. Keiner will neben ihr sitzen. Gertrud ist ein hässliches Kind mit groben Gesichtszügen, ständig verrotzter Nase und schmuddeliger Kleidung. Dieses Kind, das wissen alle, kommt nicht wieder, wenn es nach Hause geschickt wird.

An diesem Morgen scheint die Lehrerin gut gelaunt. Selbst Gertrud hat ein fast sauberes Taschentuch dabei und stinkt nicht ganz so wie sonst.

Das fröhliche Guten Morgen, Kinder der Lehrerin wird von den 41 Mädchen im Chor laut und vernehmlich mit Guten Morgen, Frau Kojah erwidert.

Nach diesem Morgenritual dürfen sich alle setzen, leise, ohne lautes Stühlescharren. Lärm verträgt die Lehrerin nicht.

Jedes Mädchen legt sorgfältig das Schreibheft vor sich hin, holt aus dem Federmäppchen den Füllfederhalter oder Bleistift, legt ihn mitten auf das Heft, das in einem gelben Umschlag steckt. Der Reißverschluss des Federmäppchens wird zugezogen und das Mäppchen oben quer vor das Heft gelegt.

Das Lesebuch kommt in die rechte oder linke obere Ecke des Sitzplatzes, je nachdem. Je zwei Kinder teilen sich einen Tisch. Es stehen immer zwei Tische nebeneinander, in fünf Reihen rechts und links des breiten Mittelgangs. Die Außenplätze sind heiß begehrt. Aber die Lehrerin bestimmt, wer wo sitzt.

Ganz hinten im Klassenraum gibt es noch einen Einzeltisch. An dem sitzt Ulla. Sie ist viel größer als alle anderen Mädchen in der Klasse. Sie wird von den anderen um ihren Einzelplatz glühend beneidet. Kein Anecken, kein dran vorbei Wurschteln, wenn es in die Pause geht, und vor allem: ganz weit weg vom Lehrerpult. Die Lehrerin lässt Ulla in Ruhe. Sie muss nie beim Schnellrechnen mitmachen, wird nie drangenommen, aber auch nicht von der Lehrerin kontrolliert und für Fehler ausgeschimpft.

Das Kind sitzt mittendrin, in der dritten Reihe.

In der 2. Klasse gehört man schon zu den Großen, nicht mehr zu den I-Dötzchen oder I-Männchen, Kaffeekännchen, wie sie ein Jahr lang immer wieder mal neckisch, mal verächtlich von den älteren Kindern gerufen worden sind. In der 2. Klasse darf man schon in ein Heft schreiben, muss nicht mehr die verkratzte und verriefelte Schiefertafel vollschreiben und anschließend das mühsam Geschriebene mit dem immer stinkenden Schwämmchen wieder abwischen. Wer ordentlich und korrekt schreiben kann, darf sogar schon mit dem Füller schreiben. Wer sich zu oft verschreibt, muss noch den Bleistift nehmen. Das Kind schreibt mit dem Füller.

Es ist Schreibunterricht. Die Lehrerin erklärt die Aufgabe. Das Kind schreibt langsam, sorgfältig, achtet auf das Einhalten der beiden Linien, achtet auf die Schleifen der Buchstaben über und unter den Linien, /f/: Schleife nach oben und dann einen Haken nach unten. Großes /H/: Schleife in den Linien und dann Schleife über der Linie. Das Kind schreibt konzentriert.

Ihm wird warm, es beginnt zu schwitzen, die Hände werden feucht, der Füller glitscht in der Hand. Die Schleife des /g/ verrutscht, das nachfolgende /e/ gerät zu klein. Das Kind versucht den Fehler zu korrigieren, macht alles nur noch schlimmer. Das Kind klammert das Wort ein, durchstreichen ist nicht erlaubt, und schreibt das Wort erneut. Aber die Konzentration ist weg.

Das Kind verschreibt sich noch einmal.

Das Kind blickt auf.

Die Lehrerin humpelt langsam den Mittelgang auf und ab. Sie hat eine schiefe Hüfte und ihr rechtes Bein ist kürzer. Der Blick des Kindes streift den der Lehrerin, zuckt zurück und senkt sich wieder auf das Blatt.

Zeig mal, was du geschrieben hast. Plötzlich steht die Lehrerin neben der Bankreihe und streckt fordernd den rechten Arm aus. Das Kind reicht ihr zögernd das Heft.

Das machst du noch mal. Den ganzen Text. Das ist viel zu unordentlich. Gerade von dir erwarte ich einen fehlerfreien Text. Aber – versucht das Kind noch.

Der Klecks

Keine Widerrede! Damit gibt die Lehrerin dem Kind das Heft zurück.

Das Kind schwitzt immer mehr. Der Füller liegt wie Blei in der Hand, sperrt sich gegen das Auf und Ab der Buchstaben. Das Kind drückt fester, die Buchstaben werden breiter, krakeliger. Die Feder spreizt sich, Tinte tropft heraus, der Tropfen fasert aus, verschlingt den ganzen Buchstaben. Der Tintenfleck zerstört endgültig die Ordnung der Buchstaben.

Das Kind erstarrt, wagt kaum zu atmen. Das Kind spürt den Blick der Lehrerin, fühlt sich beobachtet, schaut auf, sieht, wie die Lehrerin auf die Tischreihe zueilt, das kürzere Bein in einem kleinen Halbkreis schwingend.

Das Heft.

Ihre Stimme ist leise, zischt fast. Das Kind gibt ihr das Heft ohne aufzublicken.

Komm mit.

Bedrohlich knallen das K und das T in den Ohren des Kindes, das sich langsam erhebt.

Die Lehrerin wartet ohne erkennbare Ungeduld, bis sich das Kind an den Mitschülerinnen vorbeigequetscht hat und in den Mittelgang tritt. Dann schreitet sie energisch mit ihrem seltsamen Schwingschritt voran zum Pult, setzt sich, beugt sich vor, öffnet mit einem Schlüssel, den sie aus ihrer linken Rocktasche fischt, die Tür des Pults, nimmt mit der rechten Hand etwas heraus, verschließt mit der linken Hand den Schreibtisch mit einem leisen Klick, steckt den Schlüssel wieder ein und richtet sich dann auf, in ihrer rechten Hand ein Lineal, eines mit einer Eisenkante an der einen Längsseite. Das Kind weiß, was kommt. Alle Mädchen in der Klasse wissen es.

Vierzig Mädchenköpfe bleiben gesenkt, kaum eine wagt einen raschen Blick Richtung Pult, vor dem das Kind jetzt steht und den linken Arm ausstreckt, mit der Handfläche nach oben.

Zu hören ist nur das leise Klatschen, als die Kante des Lineals auf die Rille zwischen Finger und Handfläche saust. Sonst ist es ganz still. Die Stille rauscht in den Ohren des Kindes. Den Schmerz nimmt es wie durch Watte wahr.

Geh jetzt und nimm dein Heft mit, schickt die Lehrerin das Kind auf seinen Platz.

Das Kind geht den Mittelgang zurück, quetscht sich wieder an seinen Mitschülerinnen vorbei, setzt sich leise, fast geräuschlos, öffnet das Heft, legt es vor sich hin, schraubt den Füllfederhalter wieder auf, steckt die nun heftig schmerzende linke Hand zwischen die Oberschenkel und macht einen dicken Strich quer über das ganze Blatt.

Rotbäckchen mit Lebertran

Sie steht auf dem breiten, ausladenden, weiß lackierten Küchenschrank, schlank, mit langem Hals, braun. Mittendrauf. Wenn die Küchenlampe an ist, wenn die Sonne durch das Küchenfenster herein scheint, blinkt das Glas der Flasche goldbraun auf.

Man sieht sie sofort, wenn man die Küche betritt. Der erste Blick der Kinder, morgens, nach dem Aufstehen, geht immer hinauf zu ihr. Sie sehen nicht die Form, nicht die Farbe, sondern denken nur an den Inhalt, an die zähe, weiße Flüssigkeit. Lebertran. Es gibt kein Entrinnen.

Jeden Morgen heißt es antreten, noch vor dem Frühstück. Ein Löffel Lebertran für jeden, auch für die kleineren Schwestern. Das Kind schüttelt sich allein bei dem Gedanken, die zähflüssige weiße Masse schlucken zu müssen. Wer keinen Lebertran bekommt, wird krank, blass, so wie die Lebertranfarbe. Der Vater hat es erklärt. Nicht erklärt hat er, warum das Zeug so eklig schmecken muss, warum andere Kinder in anderen Familien auch Lebertran bekommen, aber den wohlschmeckenden, den süßen, den mit dem lachenden, rotbackigen Kindergesicht. Das Kind hat ihn probiert, bei einer Freundin.

Lebertran muss sein, will man nicht so blass und krank werden wie die Nora in der Gritli-Geschichte. Diese Geschichte liebt das Kind. Die Heidi-Geschichte hatte es zuerst gelesen und war kopfüber abgetaucht in diese so ganz andere Welt der Berge, voller Armut, aber auch Freiheit. Und wollte mehr lesen von der Schriftstellerin mit dem komischen Namen, Johanna Spyri.

Und dann hat es Gritli gelesen, die Geschichte von dem armen Gritli und dem blassen kranken Kind aus der Stadt. Das Kind versteht. Arm sein ist etwas Besonderes. Wer arm ist, ist gut. So wie das Heidi, das Brötchen sammelte für die kranke Großmutter vom Geißenpeter, wie das Rosenresli, das alles Brot, das es für seine Rosen bekam, der Sorgenmutter gab. Das Kind wäre auch gern so gut und fürsorglich gewesen wie das Gritli oder das Rosenresli. Das Kind stellt sich vor, arm zu sein. Es will nicht gelingen. Kein warmer Mantel im Winter, nur ein dünnes Kleidchen, kein kuscheliges Daunenbett, stattdessen Lumpen, in einem windschiefen Häuschen wohnen, durch das der Wind pfeift, und nicht in einem richtigen Haus mit Türen und Fenstern, die die Kälte im Winter abhalten.

Meist waren die Eltern dieser armen Kinder schlecht, tranken Alkohol und kümmerten sich nicht um ihre Familie, oder sie waren tot und das Kind war mutterseelenallein auf der Welt. Ohne Eltern und Geschwister zu sein stellt sich das Kind furchtbar vor. Kein Gutenachtkuss vor dem Schlafen, kein Frühstück nach dem Aufstehen, keine Schwester zum Zanken und zum wieder Vertragen. Und immer hungrig. Einmal hatte das Kind so richtig Hunger. Da hatte der Bauch gekniffen und es hatte sich ganz schwach und elend gefühlt. Nein, dann will es doch lieber nicht gut sein, es aber gut haben.

Dagegen ist krank sein sehr interessant. Jeder kümmert sich um einen, alle haben einen lieb, so wie die Clara in der Heidi-Geschichte und die Nora in der Gritli-Geschichte. Man kann, wenn man krank ist, auch nichts anstellen. Keine Löcher in den Strumpfhosen, keine aufgeschrammten Knie, kein ausgerissener Kleidersaum vom unerlaubten Klettern in den Bäumen. Lange Zeit ist in der Vorstellung des Kindes lieb sein mit Armut und geliebt werden mit Krankheit verbunden.

Wie schön es ist, krank zu sein, hat das Kind selbst erlebt. Dann war die Mutter ganz fürsorglich, machte heiße Milch mit Honig. Man durfte im Elternbett liegen und ganz lange schlafen. Die Geschwister durften einen nicht ärgern, weil ja Kranke ihre Ruhe brauchten. Man bekam vorgelesen und musste den Teller nicht leer essen. Dieser Zustand war schön, erinnert sich das Kind, aber mit der Zeit auch ein wenig langweilig. Deshalb ist länger krank sein auch nicht so schön.

An manchen Abenden, wenn es nicht sofort einschlafen kann, stellt sich das Kind vor, wie es wäre, in den Bergen zu leben, die frische Luft, das grüne Gras der Almen zu riechen, das Läuten der Kuhglocken und das Bimmeln der Ziegenglöckchen zu hören, den Blick schweifen zu lassen über die hohen, weiten Gipfel der Berge, auf denen womöglich selbst im Sommer noch Schnee liegt. Es stellt sich vor, vom Gipfel der Berge die ganze Welt erblicken zu können, alle Täler, alle Seen, die weite Bergwelt zu genießen, sich frei zu fühlen wie ein Vogel. Es wäre so gern auch einmal in die Berge gefahren.

Aber wenn die Eltern verreisen, fahren sie allein. Die Kinder bleiben zu Hause in der Obhut einer Tante oder sie werden zu Verwandten geschickt. Das ist zwar auch eine Abwechslung, aber nichts gegen eine richtige Reise, weit weg, in eine ganz andere Welt.

Dem Kind klingeln die Ohren von den vielen fremdländisch klingenden Namen, die es hört, wenn sich die Erwachsenen über ihre Urlaubsfahrten unterhalten:

Lago Maggiore, Wörthersee, da stellt es sich immer einen großen See vor mit ganz vielen Wörtern, die in Großbuchstaben im Wasser herumschwimmen. Gardasee, die Dolomiten, Italien.

Alle Menschen fahren nach Italien, auch die Eltern. Wie oft hat das Kind gebettelt, geweint, getobt: Nehmt mich mit. Die Eltern blieben unnachgiebig, packten die Koffer, luden sie ins Auto, fuhren weg, kamen nach zwei Wochen braun gebrannt und erholt zurück, hatten für jedes Kind ein kleines Geschenk dabei. Ein Gliederarmband, an das man aus jedem Ort, in dem man war, ein Wappen hängen kann. Eine silberne Halskette, ein buntes Tuch.

Das schürt das Fernweh des Kindes allerdings noch mehr. Es will nicht mehr mit der Tante Halma, Mensch ärgere dich nicht und Mau Mau spielen, es will sich nicht mehr mit Freundinnen treffen, Vatermutterkind spielen, es will die große weite Welt kennenlernen. Immer grummelt die Sehnsucht danach wegzufahren, weg aus der Kleinstadt, weg aus dem Alltag, irgendwohin, wo es anders, neu, schöner ist.

Das Kind stellt sich vor, wie es wäre, unter fremden Menschen zu sein, dass es beliebt wäre bei allen und lieb zu allen, dass es ein durch und durch guter Mensch wäre, da in der Fremde, in den Bergen, dass es vielleicht noch mal ein neues Leben anfangen könnte, mit neuen Eltern und ganz ohne Lebertran. Den bräuchte es dann wohl nicht mehr, weil die Luft in den Bergen so gut und gesund und rein ist. Das weiß das Kind aus den Geschichten. Und vielleicht würde es eine Nora oder Clara kennenlernen, sich mit ihnen anfreunden können und ihnen Gutes tun. Vielleicht.

Rotbäckchen mit Lebertran

Knoten

Das Kind mag ihn, seinen zögerlichen, staksigen Gang, sein hageres Gesicht mit den hervorstehenden Wangenknochen, sein schüchternes Lächeln, bei dem der breite Mund fast bis zu den Segelohren zu reichen scheint. Es mag die Art, wie er den Kopf schief hält und ihm auf der ausgestreckten Hand die verknoteten Bindfäden hinhält. Da, zeigt er mit der anderen Hand auffordernd darauf. Da.

Das Kind weiß schon Bescheid. Wie immer soll es die Knoten so stramm ziehen, wie es kann. Und dann wird Hermann die Knoten alle im Handumdrehen lösen. Aber Freude machen ihm die Knoten, die ganz schwer zu lösen sind. Mit einer Engelsgeduld und leise vor sich hin brabbelnd, schafft er es, auch die festesten Knoten zu lösen. Noch nie hat er aufgegeben, immer hat er schließlich die entknoteten Bindfäden stolz präsentiert.

Dann wird er die Bindfäden erneut verknoten und das Kind auffordern, nun seinerseits die Knoten zu lösen. Noch nie ist es dem Kind gelungen, auch nur einen Knoten zu lockern. Auch wenn es sich noch so anstrengt, auch wenn es versucht, Hermann die Tricks abzuschauen.

Noch immer hat Hermann nach den vergeblichen Versuchen des Kindes grinsend die Bindfäden wieder in seine Tasche gestopft und ist weitergegangen. Manchmal hat er sich noch einmal umgedreht und gewinkt.

Hermann wohnt ganz in der Nähe. Hermann ist nicht ganz dicht, so heißt es. Hermann ist gaga, hat einen Dachschaden. Solche Bemerkungen der Erwachsenen werden stets mit der entsprechenden Handbewegung begleitet.

Hermann gehört nicht dazu. Aber Hermann ist da. Bei gutem Wetter läuft er in seinem seltsam schlenkrigen Gang den Bürgersteig auf und ab. Immer die rechte Hand in der Hosentasche. In der Hosentasche sind die Bindfäden.

Hermann kann nicht sprechen, nur unartikulierte Laute von sich geben. Manchmal klingen die wie ein Lachen, manchmal wie ein Stöhnen. Aber es ist nicht schwer, Hermann zu verstehen, findet das Kind. Er will doch immer nur das eine. Aber außer dem Kind bleibt niemand bei Hermann stehen. Die meisten Leute machen einen Bogen um ihn. Sie wollen nicht angesprochen werden, wollen keine Bindfadenknoten lösen, wollen aber auch nicht ablehnen müssen. Deshalb gucken sie woanders hin, gehen schnell an Hermann vorbei.

Der Mutter ist es nicht recht, dass das Kind sich auf Hermann einlässt. Aber direkt verboten hat sie dem Kind den Umgang mit ihm nicht.

Wenn es regnet, ist Hermann nicht auf der Straße. Manchmal bleibt er wochenlang weg, ist sogar bei Sonnenschein nicht draußen. Um dann eines Tages wieder da zu sein. Grinsend wie immer, in seinem grauen Anzug, der nach jedem Wegbleiben wieder gewachsen zu sein scheint und noch mehr um seine dürre Gestalt schlackert.

Jedes Mal freut sich das Kind, Hermann wiederzusehen, auch an diesem sonnigen Herbsttag. Das Kind läuft über die Straße, auf Hermann zu. Hermann rollt mit den Augen, zappelt vor Freude.

Wie immer holt er die Bindfäden aus der Hosentasche.

Wie immer fordert er das Kind auf, die Knoten festzuziehen, so fest wie irgend möglich.

Wie immer gelingt es ihm, alle Knoten zu lösen, auch die ganz festen.

Wie immer ist nun das Kind an der Reihe.

Und dann geschieht etwas, das Hermann das Grinsen aus dem Gesicht wischt und die Tränen in die Augen treibt.

Noch nie ist es dem Kind gelungen, auch nur einen Knoten zu lockern. Und nun löst es einen nach dem anderen, nicht so schnell wie Hermann, aber es gelingt.

Dem Kind gefriert das triumphierende Lächeln, mit dem es die gelösten Bindfäden zurückgibt, als es den erstarrten Blick von Hermann sieht und die Träne, die über eine eingefallene Wange hinab läuft.

Hermann reißt dem Kind die Bindfäden aus der Hand, stopft sie hastig, ungeschickt in die Hosentasche, dreht sich um und geht mit seinem staksigen, schlenkrigen Schritt weg von dem Kind, schaut nicht mehr zurück, winkt nicht.

Das Kind begegnet Hermann nicht wieder.

Kaffeeklatsch und Kinder

Das Kind liebt Geschichten. Wenn Besuch kommt, besonders beim gelegentlichen Kaffeeklatsch, wird es besonders spannend. Meist werden die Kinder nach draußen zum Spielen geschickt, bei Regenwetter ins Esszimmer. Das sind Erwachsenengespräche, für Kinderohren nicht geeignet, findet die Mutter. Manchmal jedoch gelingt es dem Kind, sich unbemerkt hinter einem Sessel oder dem Sofa zu verstecken. Das Kind ist ganz Ohr und muckst sich nicht.

Ja, die arme Else. Die ist mit ihrem Mann auch geplagt, erzählt die Mutter den Freundinnen. Die darf überhaupt nichts selbst machen. Sogar wenn sie einkaufen will, muss sie erst fragen. Denn es könnte ja sein, dass er gerade, wenn sie unterwegs ist, unbedingt einen Tee oder einen Kaffee haben möchte. Und das Haushaltsgeld ist ganz knapp bemessen. Aber dreimal die Woche will der Herr Fleisch auf dem Tisch haben. Na, ihr könnt euch vorstellen, dass das größte Stück für den Mann ist – wenn sie überhaupt etwas abbekommt.

Und erst, wenn sie mal ein neues Kleid braucht, was für ein Theater jedes Mal. Als würde sie sich nach der Haute Couture kleiden. Zu Hause trägt die Arme meist eine dieser unsäglichen geblümten Kittelschürzen, um ihre guten Sachen zu schonen. Das ist wirklich unter jedem Niveau. Nicht einmal wöchentlich zum Friseur kann die Arme gehen. Dazu reicht das Haushaltsgeld höchstens ein Mal im Monat. Stellt euch das vor. Nur ein Mal im Monat zum Friseur. Wie ich dann wohl aussähe. Die Mutter fasst sich theatralisch in ihre dauergewellten und antoupierten Haare.

Dabei ist der Mann Oberstudiendirektor und darf doch seine Frau nicht in den letzten Lumpen rumlaufen lassen. Ach ja, seufzen die Mutter und die Freundinnen mitfühlend. Was für ein armseliges Leben.

Wenn sie wenigstens Kinder hätten. Dann hätte die Else eine sinnvolle Aufgabe. Aber so sitzt sie den ganzen Tag zu Hause herum, putzt, wäscht, bügelt. Dann ist er auch noch so pingelig. Nicht eine Falte vom Bügeln darf im Hemd sein. Sonst legt er ihr das glatt wieder hin.

Die anderen Damen am Tisch begleiten die Erzählungen der Mutter mit Seufzern oder einem Ach Gott, die Arme, erzählen selbst ähnliche Geschichten und versichern sich gegenseitig, wie gut es ihnen geht und wie zufrieden sie mit ihrem Leben sind. Und die Kinder so gut geraten und der Mann so liebevoll.

Das Kind hockt still in seinem Versteck und lauscht den Gesprächen der Kaffeeklatschtanten und stellt sich die Tante Else vor, klein, mit sorgenvollem, ängstlichem Gesichtsausdruck, in Lumpen gehüllt und mit strubbeligen, unfrisierten Haaren. Lumpen kennt das Kind aus verschiedenen Märchen. Die sind immer grau, voller Löcher und schmutzig, hängen mehr am Körper, als dass sie ihn bekleiden. Die Menschen, die solche Lumpen trugen, hatten meist abgehärmte Gesichter und magere Körper.

Nur was Haute Couture ist, darunter kann sich das Kind nichts vorstellen. Es muss aber etwas ganz Besonderes sein. Wie nannte man denn die Kostüme und diese komischen Blusen mit den riesigen Schleifen, deren Enden immer über dem Busen baumelten? In Lumpen gehüllt ist die Mutter jedenfalls nicht, stellt das Kind mit Befriedigung fest. Außerdem ist sie oft zu

Kaffeekränzchen, wie sie es nennt, eingeladen. Aber putzen und bügeln und waschen muss die Mutter auch. Und pingelig ist der Vater ebenfalls.

Das Kind erinnert sich noch gut an einen Streit zwischen den Eltern über schlecht gebügelte Hemden und nicht glänzend genug geputzte Schuhe.

Die Mutter erzählt unterdessen weiter von ihrem letzten Besuch, bei dem die Tante Else ihr Leid geklagt und dabei bitterlich geweint hatte. Ich bringe immer schon Kuchen und Kaffee mit, damit sie ihr Haushaltsgeld nicht angreifen muss. Kaffee und Kuchen hält der Heinrich nämlich für Verschwendung und für völlig überflüssigen Luxus.

Als ich wieder zu Hause war, war ich völlig fertig, schließt die Mutter den Bericht.

Abends beim Schlafengehen schaut das Kind die Mutter forschend an und sagt dann: Gut, Mama, dass du uns Kinder hast. Da hast du wenigstens eine sinnvolle Aufgabe.

Veilchenpastillen

Das Kind steht vor dem Spiegel, begutachtet das Ergebnis. Ein dicker Wattetampon, um den Draht gewickelt ist, ziert die Stirn. Wieder einmal zu baselig gewesen. Die Mutter hat wohl doch recht. Wie genau der Sturz passiert ist, daran kann sich das Kind kaum erinnern. Irgendwie war es in Eile gewesen, vor der Haustür auf dem Fußabtreter ausgerutscht und mit der Stirn gegen die Hauswand geschlagen. Wie das geblutet hatte. Die Mutter hatte richtig aufgeschrien. Die Mutter kann kein Blut sehen. Aber sie hatte ganz schnell ein Handtuch um den Kopf des Kindes gewunden und es ins Auto verfrachtet. Das Auto stand zufällig direkt vor der Tür. Zum Krankenhaus war es nicht weit. Das Kind hatte die ganze Zeit nichts gesagt, nicht geweint, nicht gejammert. Es tat auch gar nicht so schrecklich weh.

Im Krankenhaus, ja, da schon. Die Spritze war unangenehm und das Zerren beim Nähen. Das puckerte und pochte. Und dann war es auch schon vorbei. Der Arzt hatte das Kind gelobt. Richtig tapfer sei es gewesen und die Krankenschwesternonne hatte dem Kind eine Tüte mit Keksen geschenkt. Nicht alle Kinder sind so tapfer wie du, hatte sie gesagt.

Das Kind steht vor dem Spiegel, erinnert sich plötzlich, schon einmal so gestanden zu haben, einen dicken Tampon am Kinn, das mit fünf Stichen genäht worden war. Damals war das Kind noch ganz klein. Aber daran, dass es vor dem Spiegel gestanden und seine Verletzung begutachtet hatte und auch irgendwie stolz war auf die vernähte Wunde, daran kann sich das Kind noch genau erinnern, genauso wie es noch weiß, dass es damals Veilchenpastillen geschenkt bekommen hatte, in einer kleinen Dose, weiß, mit lila Rand und kleinen blauen Blümchen auf dem Deckel gemalt. Die Veilchenpastillen hatte es im Krankenhaus geschenkt bekommen, weil es so tapfer gewesen war und nicht geweint hatte.

An den Unfall selbst kann sich das Kind nicht mehr erinnern. Später erzählte die Mutter, es sei beim Toben von der Sofalehne gefallen und habe sich an einem Möbelstück das Kinn aufgeschlagen und die Wange aufgeratscht.

Die breite Narbe ist sogar als unveränderliches Kennzeichen im Kinderausweis eingetragen.

Veilchenpastillen mag das Kind immer noch. Tapfer ist es immer noch. Damals hat es nicht geweint. Heute weint es nicht. Meine tapfere Große, hatte der Vater gelobt und sie aufmunternd angelächelt, als sie aus dem Ambulanzzimmer gekommen war, mit dem Tampon auf der Stirn und der Kekstüte in der Hand.

Die kleine Schwester kommt. Sieht die große Schwester an, sieht die genähte Wunde und fängt an zu weinen. Nicht weinen, sagt das Kind, ganz die große Schwester. Warum weinst du? Das tut doch so weh, sagt die kleine Schwester. Na ja, ein bisschen, gibt das Kind zu. Die kleine Schwester hört nicht auf zu weinen. Aber wenn das nun ganz lange wehtut? Die kleine Schwester schluchzt. Das Kind ist ein wenig ratlos. Mit Worten lässt sich die Schwester nicht beruhigen. Hier, schau mal, hier hab ich Kekse. Die hab ich geschenkt bekommen. Wenn ich sie dir gebe, hörst du dann auf zu weinen?

Die kleine Schwester schaut die große Schwester mit verweintem Gesicht an, schluchzt noch einmal auf, greift nach der Kekstüte und rennt davon.

Spruchreif

Wer nicht hören will, muss fühlen.

Schläge auf den Hinterkopf erhöh'n das
Denkvermögen.

Ein Klaps auf den Po hat noch niemandem
geschadet.

Mädchen, die pfeifen, und Hühnern, die kräh'n,
denen wird man beizeiten die Hälse umdreh'n.

Wie die Backen, so die Hacken.

Erst die Arbeit, dann das Vergnügen.

Was sollen denn die Leute sagen?

Ein Indianer kennt keinen Schmerz.

Ein Mädchen tut so etwas nicht.

Ein Tag im Mai

In diesem Mai ist es früh warm. Das Sonnenlicht rieselt sanft durch die noch zartgrünen Blätter der Bäume und malt Muster auf den Boden.

Vögel zwitschern in den Zweigen. Die Bäume werfen ihre Schatten auf die spielenden Kinder, deren Geschrei das Zwitschern der Vögel übertönt.

Käfer krabbeln zwischen braunen und grünen Grashalmen, auf weißer Kinderhaut zwischen Kniestrümpfen und kurzer Hose. Rangelnde Jungenbeine.

Die Mädchen spielen Hüpfekästchen oder Gummitwist.

Das Schrillen der Schulglocke setzt dem Pausentreiben ein jähes Ende. Die Schultüren saugen die Kinder ein, Jungen links, Mädchen rechts.

Stille auf dem Pausenhof.

Stille im Klassenraum, durchbrochen nur vom Brummen einer dicken Fliege. Klack, klack, durch die Fensterscheibe versucht sie ins Freie zu gelangen.

41 Mädchenköpfe beugen sich tief über ihre Hefte. Kaum ein Rascheln, ab und an das vorsichtige Schnüffeln einer hochgezogenen Nase. Das Kratzen von Bleistiften oder Füllern auf dem Blatt. Am Pult die Lehrerin, halb sitzend, ein Bein, das gesunde, auf den Boden gestemmt, das andere in der Luft baumelnd.

Ihr enger Rock ist hochgerutscht, der Ansatz ihrer Schlüpferbeine ist zu sehen, heute in Himmelblau. Sie besitzt diese halblangen Schlüpfer auch noch in Rosa und Weiß. Wie die Oma. Liebestöter nennt der Vater diese komischen Unterhosen.

Die Kinder kennen alle Farben, sie blitzen abwechselnd unter den immer engen, immer knielangen

Röcken in immer denselben Farben hervor. Das ist lustig. Aber niemand lacht.

Die Kinder schreiben. Eifrig, mit festem Druck, sodass die Wörter auch noch auf dem übernächsten Blatt zu sehen sind. Sie wagen nicht aufzusehen, dem Blick der Lehrerin zu begegnen. Sie schreiben angestrengt oder tun zumindest so. Fragen ist verboten.

Die Stille lastet. Der Brummer summt. Das Sonnenlicht malt Kringel auf die Holzdielen des Klassenzimmers. Der Blick der Lehrerin brennt auf den Nacken der Kinder. Aufsehen ist nicht erlaubt, aufstehen ist nicht erlaubt.

Draußen, eine andere Welt. Vogelgezwitscher, ab und an das Geräusch eines vorbeifahrenden Autos. Noch immer sucht der Brummer die Freiheit, klack, klack, vergebens.

Die Stille lastet. Das Ohr weigert sich aufzunehmen, was es hört. Ein Plätschern, leise, stetig. Der ein oder andere Kinderkopf wagt es, hebt sich vorsichtig, rasch, kurzer Blick zum Mittelgang. Dann wieder zurück, erschreckt, noch tiefer auf das Heft gebeugt.

Ein Kind hält den Kopf besonders tief gesenkt, den Rücken gekrümmt, als wolle es in den Tisch hinein verschwinden.

Unter dem Kind ein dünnes Rinnsal, langsam fließt es durch den Mittelgang; an kleinen Unebenheiten der Holzplanken vorbei sucht es sich seinen Weg, kommt vor dem Pult der Lehrerin zum Stehen.

Kastanienmännchen

Die stacheligen Früchte fallen von den Bäumen, eine nach der anderen, vom böigen Herbstwind herabgeschüttelt oder brutal von Holzstücken getroffen und vom Ast geschleudert. Die großen Jungen aus der fünften Klasse sind gute Werfer und deshalb besonders bei den jüngeren Mädchen beliebt. Plopp, plopp, plopp, platsch, manchmal regnet es regelrecht Kastanien. Die reifen Hüllen springen auf und die braunen Kastanien kullern über den Weg, glatt, glänzend die Oberfläche, samtig die Unterseite. Die Kinder laufen hierhin und dorthin, sammeln die begehrten Früchte auf.

Was man alles damit machen kann. Kastanienmännchen basteln, eine ganze Familie, verschiedene Tiere, Katze, Hund, Kuh, wie es die Fantasie will. Allein schon das Auflesen ist ein Fest. Die braunen Kugeln in der Hand einschließen, ihre Form in der Innenfläche fühlen, die wächserne Oberfläche erspüren. Wohin mit diesen Kostbarkeiten? Die Manteltaschen sind bald gefüllt, beulen sich weit und zerren mit ihrem Gewicht an den Schultern.

Das Kind öffnet seinen Tornister. Da ist noch reichlich Platz neben den Schulheften, dem Federmäppchen, dem Hausaufgabenheft, den Schulbüchern und dem Turnbeutel. Manchmal ist der Tornister schwer von Heften und Büchern. Aber heute sind zwei Stunden ausgefallen.

Das Kind sammelt eifrig, nur die schönsten, die größten Kastanien, die, die gerade erst vom Baum gefallen und aufgesprungen sind, die mit der ganz glänzenden Oberfläche, die, die eine besonders ebenmäßige Form haben, die, die sich besonders gut in die

Hand schmiegen. Handschmeichler, hatte die Tante mal zu einem glatten, ovalen Stein gesagt. Handschmeichler sind auch die Kastanien. Das Kind hat sich längst von der Gruppe der Kinder entfernt, die lachend und schwatzend Kastanien aufheben, sich damit aber auch wieder gegenseitig bewerfen. Das Kind bemerkt nicht, wie es immer ruhiger wird, alle Kinder nacheinander nach Hause gehen. Mittagszeit. Irgendwann ist das Kind allein.

Das Kind ist wie im Rausch. Bald ist auch der Tornister voll, quillt schon fast über. Nur mit Mühe lassen sich die Laschen noch schließen. Irgendwo muss doch noch eine Tasche sein. Ach, der Turnbeutel. Die Turnschuhe und die Turnhose werden kurzerhand aus dem Turnbeutel befreit und in den Tornister zurückgestopft. Noch eine und noch eine und noch eine. Schon während die Hand sich nach einer Kastanie ausstreckt, läuft das Auge des Kindes weiter, auf der Suche nach neuer Beute.

Plötzlich ein Schrei, laut, durchdringend. Das Kind wird am Mantelkragen hochgerissen. Die Ohrfeige hört es mehr, als dass es sie spürt, zunächst. Hier bist du also. Wieso kommst du nicht nach Hause? Wir haben uns schon solche Sorgen gemacht. Aber Madame muss ja unbedingt Kastanien sammeln. Wer braucht schon so viele Kastanien? Und dass wir uns Sorgen gemacht haben, wo du bleibst, daran hast du natürlich nicht gedacht. Die Mutter schreit. Die Wange des Kindes brennt, nicht nur wegen der Ohrfeige.

Scham und Wut treiben dem Kind die Tränen in die Augen. Es wollte doch niemandem Sorgen machen. Es hat nur die Zeit vergessen. Es ist sich keiner Schuld bewusst. Was ist am Kastaniensammeln so schlimm, dass die Mutter völlig außer sich gerät? Das Kind fühlt sich ungerecht behandelt, versteht die Ängste der Mutter nicht.

Die so freudvoll gesammelten Kastanien muss das Kind fast alle wegwerfen, darf nur einen kleinen Teil behalten, zum Basteln, Kastanienmännchen und Tiere, sagt die Mutter. Aber das Kind mag nicht mehr basteln.

Tagelang liegen die braunen Dinger in der Schublade, bald verlieren sie ihren Glanz, die Haut wird schrumpelig, unansehnlich, stumpf. Als die Kastanien zu schimmeln beginnen, entsorgt die Mutter sie in den Müll.

Schweigen

Das Kind plappert ununterbrochen. Kannst du nicht mal still sein, fordert die Tante, wenn sie zu Besuch ist. Vorlaut und frech, schimpft die Lehrerin das Kind oft. Weise Eule, spottet der Vater am Mittagstisch, wenn das Kind wieder einmal altklug daherredet.

Der Redefluss des Kindes ist kaum zu stoppen. Wenn es morgens aufsteht, erzählt es, was es geträumt hat. In der Schule muss es immer mit seiner Nachbarin tuscheln. Es gibt so viel zu erzählen. Was es auf dem Schulweg erlebt hat, wie es die Hausaufgaben gemacht hat, warum es noch keine Kniestrümpfe im Frühjahr anziehen darf und warum es die Lastexhosen hasst, die es im Winter unter dem Rock tragen muss und dass es die Gertrud ganz schrecklich findet und nie neben ihr sitzen will. Und das genau muss das Kind nun.

Zur Strafe, weil es ständig mit der Nachbarin geschwatzt hat. Die Lehrerin weiß genau, womit sie das Kind bestrafen kann. Mit Gertrud kann man nicht tuscheln und reden. Gertrud versteht nicht immer, was man sagt. Außerdem will man Gertrud auf keinen Fall zu nahe kommen, und wenn es sich nicht vermeiden lässt, dann hält man sich am besten die Nase zu. Gertrud hat immer eine Schnoddernase, aber selten ein Taschentuch. Deshalb zieht sie ständig die Nase hoch. Trotzdem läuft ihr der Rotz in den stets offenen Mund mit den dicken, rissigen Lippen. Gertrud bekommt schlecht Luft. Deshalb schnorchelt sie auch beim Atmen. Das Kind findet das eklig.

Gertrud muss immer in der ersten Reihe sitzen, da sie schlecht sehen kann, trotz der dicken Brillengläser, die aussehen wie die Glasbausteine an der Eingangstür zu Hause. Neben Gertrud sitzen zu müssen ist die Höchststrafe. Gertrud selbst scheint die offen gezeigte Ablehnung nichts auszumachen. Sie redet ohnehin mit niemandem, steht in den Pausen allein auf dem Hof und kratzt sich den Schorf am Ellenbogen oder am Kinn oder an einem anderen Körperteil.

Auch wenn das Kind nach Hause kommt, muss es als Erstes erzählen, was es alles erlebt hat. Dass ein Schlangenbeschwörer in der Schule war, dass die Kinder die Schlangen anfassen durften, dass die trockene Haut gar nicht so eklig war, wie gedacht, dass ein Kind sogar ganz mutig die Schlange sich hat um den Hals winden lassen. Dass sie im Handarbeitsunterricht unbedingt neues Stickgarn brauchten, am liebsten hellblau und rosa, für die schönen Muster. Dass ein Kind zum Geburtstag eingeladen hatte und die Mutter unbedingt ein Geschenk kaufen musste, dass sie endlich das große Einmaleins gelernt hatten und das Kind im schnellen Kopfrechnen Erste geworden war.

Manches erzählt das Kind nicht. Dass es wieder einmal nachsitzen musste, weil es vorlaut in die Klasse gerufen hatte, dass es auf dem Schulweg getrödelt hatte, deshalb zu spät gekommen war und zur Strafe extra Rechenaufgaben machen musste.

Den Freundinnen erzählt das Kind alle Geschichten, die es liest. Und es liest viel. In Büchern, in den Zeitungen, die zu Hause herumliegen. In denen gibt es immer spannende Fortsetzungsgeschichten. Dass die meisten Geschichten für Erwachsene sind, ist dem Kind egal. Das Kind liest alles und erzählt es weiter. Die Geschichten finden die Freundinnen auch spannend, aber oft haben sie keine Lust zuzuhören, wollen lieber spielen, Fangen, Verstecken, Vatermutterkind.

Manchmal aber spricht das Kind ins Leere, wenn es mittags nach der Schule der Mutter etwas erzählen will. Denn manchmal redet die Mutter nicht mit dem Kind. Antwortet nicht auf ein Guten Morgen am Morgen, auf ein Hallo, ich bin wieder da am Mittag, wenn es aus der Schule kommt. Die Mutter antwortet nicht auf Fragen, tut so, als sei das Kind gar nicht da. Das Kind fühlt sich dann unsichtbar. Das ist schlimm. Wohin vor allem mit den ganzen Geschichten? Der Vater kommt erst am Abend und ist dann müde und hat keine Zeit mehr für Geschichten.

Oft weiß das Kind nicht, warum die Mutter nicht mit ihm spricht. Ist es böse gewesen? Das Kind versucht, besonders lieb zu sein. Deckt ohne Aufforderung den Tisch, isst ohne zu murren oder zu meckern, was die Mutter gekocht hat, auch wenn es ihm nicht schmeckt, räumt nach dem Essen den Tisch freiwillig wieder ab, wäscht ab, macht brav seine Hausaufgaben, spielt lieb mit den jüngeren Schwestern. Aber wenn die Mutter schweigt, hilft alles nicht.

Mit den Geschwistern spricht die Mutter. Ganz normal. Das Kind fängt an, sich und sein Verhalten zu beobachten. Was mache ich falsch? Was habe ich getan oder gesagt, dass die Mutter so böse auf mich ist?

Manchmal dauert das Schweigen nur ein paar Stunden, manchmal viel länger, viele Tage, in denen das Kind an sich zweifelt, verzweifelt, aber auch wütend wird und bockig. Manchmal wünscht sich das Kind, die Mutter würde es schlagen. Dann hätte es einen Grund, wütend zu sein.

Das Schweigen ist wie eine Nebelwand, die alle Geräusche, alle Liebe, alle Gefühle verschluckt, eine Wand, die man nicht anfassen und beiseiteschieben kann, die keinen Widerstand leistet und gerade deshalb unüberwindbar ist.

Je länger die Mutter schweigt, desto undurchdringlicher wird die Nebelwand und desto verzweifelter die Bemühungen des Kindes, den Nebel zu zerreißen. Es fängt an, sich für sein Verhalten zu entschuldigen, schwört, in Zukunft immer lieb zu sein.

Das Kind fühlt sich ohnmächtig, ausgeliefert. Denn was die Mutter dazu bringt, schließlich wieder mit ihm zu sprechen, kann das Kind nicht ergründen. Ist es demutsvoll genug gewesen? Ist es lieb genug gewesen und hat die Mutter damit von seinem guten Willen überzeugt? Hat die Mutter vielleicht sogar eingesehen, dass sie dem Kind unrecht getan hat?

Die Unsicherheit bleibt. Das Kind zieht sich in sich selbst zurück, verhält sich abwartend, zügelt sein Temperament, verlegt sich mehr aufs Beobachten. Es legt sich selbst an die Kette, sperrt seine Gefühle in einen Käfig. Nur selten noch fühlt es sich unbeschwert.

Das Kind wird misstrauisch sich selbst und den Erwachsenen gegenüber. Die nennen das Kind nun bisweilen verstockt, unzugänglich, unhöflich.

Das Kind erfindet sich eine eigene Welt, in den Büchern, die es liest, in den Geschichten, in denen es lebt. Bald hat es seinen Spitznamen weg: Bücherwurm. Das ist immer noch besser als Brillenschlange, findet das Kind und richtet sich häuslich in seiner Welt ein.

Heidenkinder kaufen

Das Kind ist müde und unterdrückt ein Gähnen. Wegen der Frühmesse musste es schon um sechs Uhr aufstehen. Nun sitzt es in der Küche vor seinem Teller mit Haferbrei, den die Mutter mit Orangensaft ein wenig versüßt hat. Draußen ist es stockfinster.

Der Vater findet es unsinnig, dass das Kind schon so früh aufsteht, nur um in die Kirche zu gehen. Aber die Mutter ist unerbittlich. Die Lehrerin verlangt es und schließlich, was sollen die Leute denken, wenn das Kind als Einziges nicht in die Frühmesse geht! Außerdem kommt es Ostern zur Kommunion.

Mütze, Schal, Handschuhe nicht vergessen, erinnert die Mutter das Kind, als es den Wintermantel anzieht. Kälte schwallt in den Flur, als es die Haustür öffnet, vor der schon das Nachbarmädchen wartet und zur Eile mahnt.

Das Kind geht gern in die Messe, hauptsächlich der schönen Geschichten wegen, die der Pfarrer oder Vikar von der Kanzel herab erzählen. Nur das frühe Aufstehen fällt ihm schwer.

In der Schule fragt die Lehrerin, wer ein Morgengebet gebetet hat. Das regelmäßige Beten am Morgen und am Abend gehört mit zur Kommunionvorbereitung. Alle Kinder recken die Hände hoch. Dem Kind wird heiß. Das Gebet hat es doch glatt vergessen. Was tun? Lügen will es nicht. Das ist Sünde. Schließlich hebt es, wenn auch zögerlich, ebenfalls die Hand. Es ist nur eine Notlüge, beschwichtigt es sich selbst. Schlimmer ist es, von der Lehrerin vor der ganzen Klasse nach vorn geholt und mit Fragen bloßgestellt zu werden, wie es schon einmal passiert ist: Ist dir der liebe Gott denn überhaupt nicht wichtig? Glaubst du wirklich, dass du würdig bist, zur ersten Heiligen Kommunion zu gehen, wenn du im Glauben so nachlässig bist? Schämst du dich nicht?

Oh ja, das Kind hatte sich geschämt, aber nicht wegen des vergessenen Gebets.

Die Lehrerin hat sein Zögern nicht bemerkt und klatscht zufrieden in die Hände. Dann beginnen wir jetzt mit dem Vaterunser den heutigen Religionsunterricht. Alle Schülerinnen können das Gebet auswendig. Bald fühlt sich das Kind eingehüllt in den gleichförmigen Singsang. Es bewegt die Lippen, lässt die Gedanken schweifen: Himmel und Reich und Ewigkeit. Amen.

Die Frage der Lehrerin: Wer ist denn alles im Himmel?, reißt das Kind aus seinen Träumereien. Der Unterricht hat angefangen. Die Mitschülerinnen beginnen eifrig aufzuzählen, wer alles in den Himmel gehört: Der liebe Gott, Jesus und Maria und Josef, die Engel, die heilige Elisabeth, der heilige Stephanus, die heilige Barbara. Sie kennen aus den Predigten und dem Unterricht beim Herrn Vikar schon ganz viele Legenden von Märtyrern. Das sind Menschen, haben sie gelernt, die ihr Leben für ihren Glauben und für andere Menschen geopfert haben. Und wir?, bohrt die Lehrerin nach, was können wir tun, um in den Himmel zu kommen? Die Kinder wissen gut Bescheid. Der Vikar hat ihnen schon viel beigebracht: Man muss Gutes tun und sich bemühen, nicht zu sündigen und gottesfürchtig zu leben. Lässliche Sünden kann man beichten. Wenn man bereut und Buße tut, vergibt einem der liebe Gott. Wer eine Todsünde begeht, kommt in die Hölle. Aber das Wichtigste ist das Sakrament der Taufe. Nur wer getauft ist, kommt in den Himmel. Der liebe Herr Jesus hat für die Menschen sein Leben geopfert, damit sie von der Erbsünde erlöst werden.

Sogar den Kreuzweg haben die Zweitklässlerinnen schon durchgenommen und sich ordentlich gegruselt vor dem Kreuzigungsbild mit dem blutverschmierten, leidenden Antlitz Jesu. Die Sache mit der Erbsünde erklärt die Lehrerin anschließend. Nicht ganz versteht das Kind, was es mit Evas Sündenfall und der Schlange und der Erbsünde auf sich hat. Es begreift jedoch, dass es ohne die Taufe niemals in den Himmel aufgenommen würde.

Ein Gedanke blitzt auf. Was ist mit den Kindern und all den Menschen, die nicht getauft sind?, fragt es die Lehrerin. Ja, was ist mit denen? Das kannst du morgen den Herrn Vikar fragen, wiegelt die Lehrerin ab. Jetzt geht erst einmal in die Pause.

Der Vikar erklärt es in der nächsten Religionsstunde ganz genau. Nur Menschen, die getauft sind, kommen in den Himmel, die anderen nicht. Auch die Kinder nicht. Allerdings, wenn sie noch klein und unschuldig sind, dürfen sie in eine Art Vorhimmel. Viele Kinder in der Klasse finden das ungerecht und rufen wild durcheinander: Die Armen. Sie können doch nichts dafür, dass sie in Afrika oder Indien geboren worden sind. Das ist ungerecht. Der Geistliche beschwichtigt die Kinder. Der liebe Gott ist ein gerechter Gott und weiß, was er tut. Wir Menschen sind sein Werkzeug und auch ihr könnt helfen.

So erfahren die Mädchen, dass sie mit zwanzig D-Mark ein Heidenkind vor der ewigen Verdammnis retten können. Das Geld werde nach Afrika, manchmal auch nach Indien in die Mission geschickt. Die Missionare sorgten dafür, dass die Heidenkinder getauft würden.

In der Nacht träumt das Kind von schwarzen Heidenkindern, die auf einer Wolke vor dem Himmelstor sitzen und bitterlich weinen, weil sie nicht in den Himmel dürfen.

Am nächsten Tag verkündet das Kind beim Mittagessen den Eltern seinen Entschluss, sein Erspartes für ein Heidenkind zu opfern und es zu retten. Alle Einwände der Eltern prallen an dem Kind ab. Es lässt sich von seinem Vorhaben nicht abbringen.

Das Kind geht zur Beichte, zur ersten Heiligen Kommunion, empfängt regelmäßig die Kommunion. Beinahe hat es die Heidenkinderaktion vergessen und freut sich auf die Sommerferien. Es sind Wochen verstrichen, seit es beim Vikar die zwanzig D-Mark in einem Plastikbeutelchen abgegeben hat, einen ganzen Haufen Geld. Neben den vielen Groschen waren auch einzelne Markstücke und sogar ein Fünfmarkstück von der Oma dabei.

Eine Woche vor den Sommerferien bekommt das Kind von der Lehrerin einen Umschlag mit einer fremdländischen Briefmarke ausgehändigt. Neugierig reißt es den Umschlag auf und zieht ein postkartengroßes Foto heraus. Auf dem Foto lacht ihm ein junges schwarzes Mädchen mit kurzen, abstehenden Zöpfchen und blitzenden Zähnen entgegen. Es trägt ein weißes, einfaches Kleid.

Unter dem Foto steht der Name des Täuflings, Maria, das Alter, das Datum der Taufe und ein Dank. Das Kind ist stolz. Nun ist es selbst Patin. Es hat eine verlorene Seele gerettet und Gott gefällig gehandelt.

Heidenkinder kaufen

Erst viel später und nach weiteren Heidenkinderkäufen bemerkt das Kind, dass fast alle Heidenkinder auf den Namen Maria getauft sind. Die Namen, die das Kind von seinen Mitschülerinnen und Freundinnen kennt, kommen nicht vor: Beate, Bärbel, Ruth, Jutta, Ursula .... Noch viel später wird dem Kind bewusst, dass es nie wirklich nachgefragt hat, was mit diesen getauften Kindern geschah, wie sie lebten, worüber sie sich freuten, welchen Kummer sie hatten. Es hielt lediglich Fotos in der Hand, mit immer den gleichen Abbildungen von immer ähnlich aussehenden, lachenden schwarzen Kindergesichtern mit großen Augen.

Da hat es jedoch schon längst aufgehört, Heidenkinder zu kaufen. Die Fotos allerdings prägen noch lange das Bild des Kindes von den Menschen in Afrika.

Das hässliche Entlein

Das Kind träumt von blonden langen Haaren, zu Zöpfen geflochten oder zu einer Affenschaukel gebunden, während es dem Friseur bei der Arbeit im Spiegel zusieht.

Die Schere klappert. Augen zu, jetzt ist der Pony dran. Möglichst kurz, hat die Mutter dem Friseur noch eingeschärft, und den Nacken ruhig ausrasieren. Wir wollen ja nicht schon in vier Wochen wiederkommen.

Fertig. Der Friseur bürstet die abgeschnittenen Haare mit einer weichen Bürste aus dem Nacken, nimmt den Frisierumhang ab und schüttelt ihn aus. Das Kind wirft einen Blick in den Spiegel. Was es da sieht, gefällt ihm gar nicht. Ein rundes Kindergesicht, mittendrin eine runde Brille. Das Gesicht umrahmt von einem Haarschopf, der wie ein Helm geschnitten ist. Pottschnitt nennen die anderen Kinder diese Frisur abfällig.

Alles Bitten und Betteln hat bisher nicht geholfen. Die Eltern bleiben hart. Deine Haare sind zu dünn und zu glatt, um sie wachsen zu lassen. Außerdem sind kurze Haare viel praktischer. Denk nur an das viele Kämmen.

Das Kind rutscht von dem hohen Hocker herunter und läuft aus dem Laden, läuft vor seinem Spiegelbild davon.

Nein, es mag sich nicht. Nicht die Frisur, nicht die Brille, deren Bügel hinter den Ohren kneifen. Manchmal sind die Ohrmuscheln entzündet. Dann braucht das Kind die Brille eine Weile nicht zu tragen. Dann kann es auch nicht die Augenklappe vor das gesunde Auge setzen, damit das andere besser sehen lernt. Die Augenklappe ist rosa. Schweinchenrosa. Das Kind hasst die Augenklappe. Es fühlt sich damit so hässlich, kann auch nur ganz wenig sehen mit dem Schielauge. Dann stolpert es und fällt hin und hat wieder Löcher in den Strumpfhosen, die die Mutter flicken muss. Nie findet sie ganz passendes Stopfgarn.

Das Kind fühlt sich manchmal unsicher, oft ist es ungeschickt. Mal stößt es beim Abendbrot einen Becher mit Tee um, mal fällt ihm eine Tasse aus der Hand, die in tausend Scherben zerschellt. Dann schneidet es sich garantiert beim Aufsammeln der Scherben an einer scharfen Kante.

Einmal hat es Radio hören wollen. Das Radio steht im Wohnzimmer, es anzustellen ist den Kindern strikt verboten. Heimlich schlich das Kind zum Apparat. Es hatte beobachtet, wie die Erwachsenen ihn anstellen. Rechts den Knopf drehen, warten, bis das Auge grün wird und dann den gewünschten Sender einstellen. Dazu gibt es verschiedene Tasten, die man herunterdrücken kann. Das Kind drehte den Knopf, wartete, bis das Auge grün leuchtete und drückte dann eine Taste herunter. Ohrenbetäubendes Rauschen ertönte. Erschreckt wollte das Kind das Radio ausstellen, drückte eine zweite Taste. Die klemmte. Es drehte an dem Knopf. Das Rauschen blieb. Panik.

Plötzlich stand die Mutter im Wohnzimmer. Was machst du da?, herrschte sie das Kind an. Du hast das Radio kaputt gemacht. Das ist das Gute von der Oma. Die wird jetzt ganz traurig sein.

Sie packte das Kind am Arm und zerrte es aus dem Wohnzimmer. Dann ging sie zurück. Das ohrenbetäubende Rauschen brach ab.

Immer geschehen irgendwelche Missgeschicke. Mit schlechtem Gewissen erinnert sich das Kind daran, wie es einmal eine ganze Milchkanne mit Milch verschüttet hat, aus purem Übermut. Weil es ein Experiment machen wollte.

Jeden Tag durfte das Kind beim Milchmann die Milch holen. Die Milch wurde frisch aus einem großen Tank in die weiße Kunststoffmilchkanne abgezapft. Diese Milchkanne hatte einen Deckel. Das Kind hatte gelesen, dass die Flüssigkeit in einem offenen Behälter bleibt, wenn man ihn schleudert. Es hatte den Deckel abgenommen und mit weit ausgestrecktem Arm die Milchkanne herumgeschleudert. Die Milch blieb tatsächlich in der Kanne. Übermütig hatte das Kind den Vorgang wiederholt und sich gefreut, als die Milch wieder in der Kanne blieb.

Doch dann passierte es. Das Kind hatte in seiner Freude über die neue Entdeckung nicht aufgepasst. Die Milchkanne stieß gegen die Hauswand, fast die ganze Milch ergoss sich über Hauswand und Bürgersteig, ein milchig weißes Rinnsal, das sich vor dem entsetzten Blick des Kindes zwischen den Gehsteigplatten seinen Weg suchte und schließlich versickerte.

Die Mutter war sehr ärgerlich. Das Kind durfte künftig die Milch nicht mehr holen. Zur Strafe.

Voller Scham erinnert es sich auch daran, wie es einmal bei seiner Freundin Gretel gemalt und ungeschickt Tinte auf das Tischtuch gekleckst und so getan hatte, als wäre nichts passiert. Aber natürlich entdeckte die Mutter der Freundin den Fleck und stellte das Kind zur Rede.

Wenn es wenigstens so hübsch aussähe wie die Freundin mit ihren langen blonden Zöpfen und ihrem pausbäckigen, niedlichen Gesicht. Oder wenn es wenigstens so fröhlich und selbstbewusst sein könnte wie die Hilde, die bei allen beliebt war.

Zur Kommunion bekommt das Kind ein Märchenbuch geschenkt, Märchen von Hans Christian Andersen. Das Kind mag die Geschichten sehr, auch wenn viele traurig sind. Als es das Märchen vom hässlichen Entlein liest, fühlt es sich zum ersten Mal verstanden und stellt sich vor, wie es wäre, groß und plötzlich ein schöner Schwan zu sein.

Süßigkeiten

Frigeo-Brause

Saure Drops

Liebesperlen – in kleinen Fläschchen

PEZ-Stangen

Storck-Karamellbonbons

Kirschlutscher

Eissandwich – Vanille, Schokolade, Erdbeer

Milka-Schokolade

Salmiakpastillen

Lakritzschnecken

Der Sonntagsgroschen

Jeden Sonntag bekommen die Kinder einen Groschen in die Hand gedrückt, den Sonntagsgroschen. Geld, mit dem sie kaufen können, was sie wollen, ohne zu fragen.

Das Geld wird umgesetzt bei Tante Lieschen, einmal schräg über den Hof, auf der anderen Seite steht der Kiosk. Man muss nicht einmal an der Straße entlanglaufen. Tante Lieschen hat ihr Büdchen jeden Tag von morgens bis abends geöffnet, nur sonntags nicht. Das Kind glaubt fast, dass sie dort auch wohnt.

Tante Lieschen ist eine kleine rundliche Frau mit schwarzen, dauergewellten Haaren. Sie mag die Kinder, die zu ihr kommen. Manchmal verschenkt sie sogar Bonbons und saure Drops.

Tante Lieschen hat alle Köstlichkeiten der Welt. Da ist die wunderbar prickelnde Frigeo-Brause, die natürlich nicht in Wasser aufgelöst, sondern mit dem angefeuchteten Zeigefinger Krümel für Krümel aus der bunten Tüte geangelt und genussvoll vom Finger gelutscht wird. Waldmeister mag das Kind am liebsten. Zitrone ist auch lecker und Orange. Himbeere kauft das Kind nur, wenn es die anderen Geschmäcker nicht mehr gibt.

Für die Schoko-Rolls muss das Kind sparen. Ein Sonntagsgroschen reicht für diese schokoladige Karamellsüßigkeit nicht.

Dagegen die Salmiakpastillen. Schon für fünf Pfennig gibt es eine kleine Tüte mit diesen schwarzen rautenförmigen Dingern, die man, zu einem Stern auf den Handrücken geklebt, so lange ablecken konnte, bis nichts mehr da war. So ein Tütchen hielt, wenn man sparsam war, mehrere Tage.

Eine Besonderheit sind auch die Lakritzstangen aus echter Lakritze, die man entweder im Mund lutschen Oder, in Stücke geschnitten, in Wasser auflösen kann. Oder die Lakritzschnecken, die sich in unzähligen Varianten essen lassen. In kleinen Stücken, längs halbiert, aufgerollt. Und jedes Mal schmeckt es anders.

Manchmal kauft sich das Kind auch Esspapier. Das schmeckt zwar eigentlich nach nichts, aber es machte so ein schönes Gefühl auf der Zunge, wenn das harte Blättchen sich durch den Speichel allmählich auflöste und zu Brei wurde, fast wie die Oblate bei der Kommunion in der Kirche, nur nicht so heilig.

Beliebt bei allen Kindern sind die Wundertüten, in denen nicht nur Esspapier und Puffreis sind, sondern auch Plastikfiguren und Bildchen. Manchmal enthalten die Tüten richtige Figuren, Indianer mit Federschmuck, ein Pferd, einen Cowboy. Was man doppelt hat, lässt sich tauschen. Wundertüten sind teuer, zwanzig Pfennig. Deshalb muss das Kind manchmal heimlich das Sparschwein schlachten, in das die Oma, wenn sie zu Besuch kommt, schon mal das eine oder andere Markstück steckt.

Immer, wenn das Kind vor der Bude von Tante Lieschen steht, kann es sich nicht satt sehen an den vielen gläsernen Bonbonnieren, die je eine Sorte Klümpchen enthalten. Zitrone, Kirsche, Himbeere und – Malzbonbons. Jedes Mal läuft ihm das Wasser im Mund zusammen.

Manchmal darf das Kind die letzten Reste aus einem der Gefäße herausfischen, zerkrümelte, abgeplatzte Bruchstücke der Bonbons. Diese Bevorzugung macht das Kind stolz und umso lieber trägt es seinen Sonntagsgroschen zu Tante Lieschen. Der Gang zum Kiosk gehört so selbstverständlich zum Alltag des Kindes, dass es mehr erstaunt als erschrocken ist, als es eines Tages vor verschlossenem Rollo steht. An dem Rollo ist ein Zettel befestigt. In krakeliger Schrift steht dort, dass der Kiosk wegen Krankheit geschlossen ist. Wie lange, steht da nicht.

Jeden Tag geht das Kind nachschauen, ob Tante Lieschen wieder da ist. Als der Zettel, von Wind und Wetter zerzaust, schließlich unleserlich geworden ist, hat das Büdchen plötzlich wieder geöffnet. Das Angebot ist immer noch dasselbe. Die Brause, das Esspapier, die Wundertüten, die Lakritzen, die Bonbonnieren und die Brausetütchen. Alles ist da.

Im Büdchen steht ein älterer Mann mit Halbglatze. Tante Lieschen kennt er nicht. Er hat den Kiosk neu übernommen. Tante Lieschen bleibt verschwunden. Keiner weiß, was mit ihr ist, auch die Erwachsenen nicht. Vielleicht ist sie tot?

Das Kind steckt künftig seinen Sonntagsgroschen in das Sparschwein. Manchmal, später, kauft es sich eine Süßigkeit an einem Kiosk in der Stadt. Aber das ist nicht dasselbe.

Das Fahrrad

Auf den ersten Blick kann man kaum erkennen, was da im Wasser liegt. Unrat hat sich angelagert an Reifen, Lenkstange, Pedalen und Sattel. Unrat, den das Wasser des kleinen Flüsschens, das durch die Stadt fließt, angespült hat.

Das Fahrrad ist braun vom Rost, die Farbe abgesplittert. Seit zwei Wochen wird es gesucht, nun ist es aufgetaucht. Nach den sturzbachartigen Regenfällen in den letzten Tagen, die das Flüsschen hatten anschwellen lassen, plätschert es nun wieder harmlos dahin.

Das Fahrrad wird mit Mühe geborgen, über das steile, matschige Ufer heraufgezogen. Als es schließlich oben an der Böschung liegt, zeigt sich, dass es unbrauchbar geworden ist. Der Ledersattel eingerissen, die Speichen abgeknickt. Ein Radmantel baumelt um die rostigen Felgen. Die Kette hängt lose am Zahnrad.

Aber ohne Zweifel ist es das verschwundene Fahrrad. Das Fahrrad des Vaters. Das Fahrrad, das er gehütet hat wie seinen Augapfel und das er überall gesucht hat, bis er schließlich Anzeige erstattete.

Das Fahrrad, das er sich von seinem ersten Gehalt gekauft hat, wie er immer wieder erzählt. Nicht ein Motorrad, schon gar nicht ein Auto. Dazu hat das Geld bei Weitem nicht gereicht. Aber ein Fahrrad. Ein Mielerad. Schwarz, mit silbernen Schriftzügen, Ledersattel. Groß und schwer. Ein gutes Rad. Ein solides Rad. Da musste schon einiges passieren, um es kaputt zu machen. Und nun ist es passiert.

Das Kind ist traurig. Das Fahrrad hatte so schön ausgesehen mit dem schwarzen Lack. Und manchmal hatte der Vater es damit auch fahren lassen, na ja, nicht richtig. Der Vater hatte das Kind auf den Sattel gesetzt und das Fahrrad geschoben.

Die Polizei findet den Täter rasch. Ein junger Mann, 17 Jahre alt. Polizeilich noch unbescholten. Wie kam der an den Schlüssel zum Schuppen, in dem das Fahrrad abgeschlossen stand?

Die Mutter hat einen Verdacht. Das junge Mädchen, das ihr im Haushalt hilft. Die Mutter hatte sich vor einiger Zeit bereit erklärt, die Vierzehnjährige im Haushalt anzulernen, damit sie ein ordentliches Mädchen wurde. So war die Absprache mit dem Sozialamt.

Das junge Mädchen leugnet auch gar nicht, einen Freund zu haben und mit ihm zusammen eine nächtliche Spritztour mit dem Fahrrad des Vaters unternommen zu haben. Dann aber ist der Freund übermütig geworden, hat, um ihr zu imponieren, Kunststücke mit dem Fahrrad gemacht. Und das Fahrrad beschädigt. Aus Angst vor Entdeckung haben sie das Rad dann in den Fluss geworfen.

Der Vater zieht die Anzeige zurück. Die Mutter entlässt das Mädchen. Eine Kriminelle wolle sie nicht im Haus haben, allein schon wegen der Kinder.

Das Kind vermisst die verbrannten Spiegeleier nicht, als Gerhild weg ist. Kochen konnte sie nämlich überhaupt nicht. Aber das lustige Wippen des Pferdeschwanzes und das gemeinsame Mensch-ärgere-dich-nicht-Spiel fehlt dem Kind. Und immer hatte Gerhild Ideen zu vielen lustigen Spielen – und Zeit.

Waschtag

Die Waschküche dampft. Feuchte Schwaden wabern durch den Raum. Es ist Montag und es ist Waschtag.

Die schmutzige Wäsche, von der Mutter am Vorabend schon eingeweicht, liegt sortiert in großen Zinkwannen. Tischwäsche, Bettwäsche, Unterwäsche. Von den Wannen wandert ein Teil nach dem anderen in den Waschtrog. Der Waschtrog ist ein großer runder Kessel, der fest einbetoniert ist. Unter dem Kessel macht man Feuer, um das Wasser zu erhitzen. Wenn das Kind sich auf die Zehenspitzen stellt, kann es problemlos über den Rand sehen. In dem Kessel blähen sich nacheinander Tischwäsche und Bettwäsche. Die Unterwäsche kommt zuletzt.

Die Mutter steht am Waschtrog und stampft mit dem Wäschestampfer, einem Holzstiel mit Federn am unteren Ende, die aufgeblähte Wäsche immer wieder in das heiße Laugenwasser zurück. Mal hier, mal da wolkt die Wäsche auf im Waschzuber, als wehre sie sich dagegen, untergetaucht zu werden.

Das Gesicht der Mutter ist gerötet. Schweißperlen tropfen ihr von der Stirn. Oder ist es nur der Dampf? Das Kind liebt diese Waschtage, die dampfig neblige Luft, den Seifengeruch. Allerdings: Für die Mutter bedeutet dieser Tag harte Arbeit. Gut, dass sie Hilfe hat.

Die Seifenlauge riecht viel besser als der Windeltopf, der tagein, tagaus auf dem Herd steht und in dem die Windeln der kleinen Schwester gekocht werden.

Ganz heiß sein muss das Wasser. Sonst wird die Wäsche nicht sauber. Und damit die heiße Lauge auch in alle Fasern dringen kann, muss die Wäsche gestampft werden. So ist es jeden Montag. Es sind

Ferien. Das Kind steht neben dem Waschtrog und schaut zu. Es muss gut aufpassen, dass es sich an der heißen Lauge nicht verbrüht, hat ihm die Mutter eingeschärft. Vor allem, wenn die schweren dampfenden Laken mit dem langen Wäscheholz aus dem Waschzuber in die Wanne gehievt werden. In der Wanne ist kaltes Wasser zum Ausspülen der Wäsche. Von dem kalten Wasser werden die Hände der Mutter ganz rau und rissig. Nach dem Waschtag braucht die Mutter immer viel Creme für die Hände.

Wenn die Wäsche ausgespült ist, muss sie noch ausgewrungen werden. Für das Auswringen der Tischdecken und der Bettwäsche gibt es eine Wringmaschine. Die Tücher werden zwischen Rollen geklemmt und dann muss man an einer Kurbel drehen, die die Rollen bewegt. Die Wäsche wird durch die Rollen gequetscht und das Wasser herausgedrückt. Das Kind versucht auch einmal, die Kurbel zu drehen. Aber seine Kräfte reichen noch nicht. Nur für die kleine Wäsche.

Die ausgewrungenen Wäschestücke werden in Weidenkörbe gelegt. Bei gutem Wetter kann die Wäsche draußen auf die Leine gehängt werden. Bei schlechtem Wetter müssen die Mutter und das Hausmädchen die schweren Wäschekörbe auf den Dachboden schleppen und dort die Wäsche aufhängen.

Wenn die Wäsche trocken ist, darf das Kind beim Recken helfen, bei den Trockentüchern. Für die Tischwäsche ist es noch zu klein und zu schwach. Das Recken der Wäsche muss sein, damit es später beim Mangeln keine Falten gibt. Die Wäsche soll schön glatt und ordentlich gestapelt im Schrank liegen.

Mangeln macht die Mutter nicht selbst. Dafür gibt es in der Stadt eine Heißmangel, zu der nicht nur die Mutter die Tisch- und Bettwäsche bringt.

Besonders gern geht das Kind ins Bett, wenn es gerade frisch bezogen ist. Im Sommer duftet die Bettwäsche nach Luft und Licht, im Winter nach frischer Seifenlauge.

Als die Familie in das neue Haus zieht, ist es mit den Waschtagen vorbei. In dem neuen Haus gibt es eine Waschmaschine. Eine Maschine, die alle Arbeiten erledigt, das Einweichen, das Waschen, das Schleudern. Arbeiten, die die Mutter sonst mit der Haushaltshilfe am Waschtag gemacht hat. Man muss die Wäsche nur noch aufhängen. Nur das Recken bleibt und das Mangeln.

Das Kind vermisst den Waschtag noch lange.

Süße Makronen

In der Fastenzeit wandert der Sonntagsgroschen in die Spardose. Trotzdem besucht das Kind regelmäßig Tante Lieschen und ihren Kiosk, betrachtet sehnsüchtig die Süßigkeiten, die es nicht haben darf.

Manchmal schenkt ihm die Kioskfrau ein Bonbon. Allerdings wandert auch dies in das große Glas auf dem Küchenschrank, unerreichbar für die Kinderhände.

Niemand kontrolliert, ob die Kinder sich an die Fastenregel halten, keine Süßigkeiten zu essen. Aber das Kind wagt es nicht, heimlich ein Bonbon zu essen. Sogar die Zugaben, Karamellbonbons, Gummibärchen und kleine Tütchen Salmiakpastillen, die es in der Apotheke, beim Bäcker und im Konsum manchmal gibt, werden getreulich zu Hause abgeliefert und von der Mutter in das Glas gesteckt.

Erst zu Ostern darf das Kind das Glas plündern. Verzicht muss man nämlich lernen, und Enthaltsamkeit. Was genau das ist, weiß das Kind nicht. Aber das Sammeln von Süßigkeiten in der Fastenzeit ist wie ein Rausch. Fast wie ein Wettbewerb. Wer hat die meisten Süßigkeiten im Glas? Wer schafft es jeden Tag aufs Neue, der Versuchung zu widerstehen?

Es gibt nicht viel Süßes für die Kinder außer den gelegentlichen Bonbongeschenken in den Geschäften. Kommt Besuch, freuen sich die Geschwister über die Tafel Schokolade, die sie gerecht untereinander aufteilen.

Ein großes Fest ist es, wenn die Kinder bei der Mutterschwester zu Besuch sind. Bei der Tante gibt es selbst gemachte Karamellbonbons aus in Butter geschmolzenem Zucker, abgelöscht mit Dosenmilch. Am besten ist die Bärenmarke, die mit dem lustig lachenden Bärchen auf dem Etikett, die ist besonders gehaltvoll, sagt die Tante. Sind die Kinder bei der Herstellung nicht sorgfältig genug, klumpt das Zeug, wird zu schnell hart, verklebt die Pfanne. Diese Schweinerei müssen die Kinder natürlich selbst beseitigen. Aber das macht ihnen nichts aus.

Manchmal fährt das Kind mit der Mutter in die Nachbarstadt, die Oma besuchen. Die Oma ist schon alt und ganz schön dick. Oft kommt die Oma sonntags zum Mittagessen. Meist gibt es Hühnerfrikassee, gekochtes Huhn in einer hellen Soße. Das Lieblingsessen der Oma. Das Kind mag nur die faserigen Fleischstückchen und versucht, sie aus der Soße herauszufischen. Was es nicht mag, ist die Pelle vom Huhn. Die ist glibberig und fahl weiß mit Pückelchen, da wo die Federn gesessen haben, und glitscht auf der Zunge. Einmal nur hat das Kind aus Versehen so ein Stück Haut erwischt und im Mund gehabt. Ein spontaner Würgereiz trieb ihm augenblicklich die Tränen in die Augen. Es spuckte die Pelle sofort wieder aus, unter den missbilligenden Blicken der Mutter. Was einmal im Mund ist, wird auch heruntergeschluckt. Aber es ging wirklich nicht.

Der Oma hingegen scheint diese glitschige, pockige Haut nichts auszumachen, ganz im Gegenteil. Sie verspeist die Hühnerhaut mit sichtlichem Behagen. Ihr Unbehagen darüber versuchen die Kinder bei Tisch zu verbergen, indem sie stur auf ihre Teller schauen. Je älter die Oma wird, desto dicker und ungeschickter wird sie. Manchmal fällt ihr etwas hinunter, das die Kinder, wenn sie den Tisch abräumen, mit abgewandtem Gesicht und einem Küchenhandschuh auflesen und entsorgen. Weil die Oma immer mehr kleckert, bekommt sie einmal zu Weihnachten ein silbernes Serviettenkettchen geschenkt, sodass sie sich fortan die Serviette um den Hals hängen kann, damit ihr Kleid beim Essen nicht schmutzig wird.

Besuche bei der Oma sind langweilig. Immer muss das Kind auf dem Sofa sitzen. Niemand zum Spielen, kein Spielzeug. An das Radio darf es nicht. Oft streiten sich die Mutter und die Oma. Aber es gibt etwas Verlockendes, sodass das Kind letztlich doch mitkommt. In der Küche hat die Oma einen alten Küchenschrank. Links unten verwahrt sie die Lebensmittel und ganz hinten in der Ecke steht immer eine Packung mit kleinen Makronen, die man zum Verzieren von Vanillepudding und anderen süßen Nachspeisen verwendet. Das Kind liebt Makronen über alles. Zuerst das krustige Äußere, das im Mund sofort zerfällt und mit dem Nelkengeschmack und dem weicheren Inneren eine unglaubliche herbe Süße freigibt. Immer eines nach dem anderen lässt das Kind diese kleinen Dinger im Mund zergehen. Nie kommt es auf die Idee, sie zu kauen.

Wieder einmal begleitet das Kind die Mutter. Der Tag hat trüb angefangen, es geht ein rauer Wind, es ist richtig schubbriges Wetter. Mutter und Tochter beeilen sich, vom Auto in den windgeschützten Eingang zu kommen. Sie klingeln, keiner öffnet. Sie klingeln. Nichts geschieht. Die Mutter macht einen nervösen, niedergeschlagenen Eindruck, mehr als sonst. Sie hat schon zu Hause gedrängelt. Das Kind hat es ihr nicht recht machen können. Die Schuhe nicht ordentlich gebunden, die Hände nicht sauber genug gewaschen, die Haare nicht richtig gekämmt.

Sie klingeln noch ein drittes Mal. Da endlich geht der Türsummer und die Tür springt auf. Das Kind rennt die Treppe hoch, die Mutter kommt langsam, zögerlich, nach. Die Wohnzimmertür steht einen Spalt offen. Das Kind schiebt die Wohnzimmertür weiter auf, sodass es hindurchschlüpfen kann. Die Oma sitzt in ihrem Sessel, die Lippen fest aufeinandergepresst, nickt nur fast unmerklich mit dem Kopf, ohne auf den Gruß der Enkelin zu antworten.

Hinter dem Kind erscheint die Mutter in der Tür. Guten Tag Mutter, sagt sie, was das Kind immer komisch findet, dass die Mutter die Oma Mutter nennt. Die Oma antwortet wieder nicht, nickt diesmal nicht einmal mit dem Kopf.

Die Mutter schließt die Tür, setzt sich auf den Sessel, der links neben dem Sofa steht. Ganz vorn auf den Sessel setzt sie sich, die ineinander verschlungenen Hände in den Schoß gelegt. Das Kind spürt die Spannung in der Luft, setzt sich brav auf das Sofa, wo es immer sitzt.

Die Mutter beginnt sofort zu erzählen, dass im Garten viel zu tun sei, jetzt im Frühling, dass die Tulpen schon blühten und die Narzissen, dass sie auch schon mit dem Frühjahrsputz begonnen habe, und wie unglaublich es sei, was die helle Aprilsonne an Schmutz und Spinnweben alles ans Licht hole. Dass ihr Mann viel zu tun habe und oft erst abends, wenn die Kinder im Bett lagen, nach Hause komme.

Das Kind hört bald nicht mehr zu. Ihm ist langweilig. Die Mutter redet und redet, die Oma sitzt nahezu reglos in ihrem Sessel, das eine kleine Auge, das hinter den dicken Brillengläsern fast verschwindet, unverwandt auf die Mutter gerichtet. Dass die Oma nur ein

Süße Makronen

Auge hat, dass das andere ein Glasauge ist, fasziniert das Kind. Aber es gruselt sich auch ein wenig.

Wie sieht das aus, wenn ein Auge ausläuft? Das hat es mal in einem Gespräch der Erwachsenen aufgeschnappt, dass die Oma einen Unfall hatte, sich ein spitzer Gegenstand in ihr Auge gebohrt hatte, und dass dieses Auge dann ausgelaufen war. Nun also hat die Oma ein Glasauge, das sie nachts herausnimmt. Fast wie ein Ersatzteillager, Auge raus, Zahnprothese raus. Wie die Oma wohl ohne aussieht? Einmal hat das Kind die Oma, als sie krank war, im Nachthemd gesehen. Der lange dünne, immer noch braune Zopf, den sie tagsüber zu einem Knoten gewunden hatte, hing ihr lose über den Rücken. Aber selbst da hatte sie das Auge eingesetzt.

Die Mutter redet immer noch. Das Kind rutscht auf dem Sofa hin und her, allmählich ungeduldig. Plötzlich ertönt die Stimme der Oma.

Schweig.

Nur dieses eine Wort. Das Kind schrickt zusammen, die Mutter verstummt und wendet sich dem Kind zu.

Geh mal in die Küche und nimm dir ein paar Makronen. Wenn du willst, darfst du sie alle aufessen. Aber schling sie nicht so hinunter. Lass dir Zeit. Erlöst rutscht das Kind vom Sofa, läuft in die Küche. Mach bitte die Tür richtig zu, ruft die Mutter hinterher.

Während das Kind die Makronen isst, eine nach der anderen, sie langsam auf der Zunge zergehen lässt und dabei aus dem Küchenfenster in den Hinterhof schaut, während die Makronen eine nach der anderen auf der Zunge schmelzen, ihre herbe Süße freigeben, sitzen Mutter und Oma im Wohnzimmer. Man hört nur ab und zu ein leises Zischeln. Das Kind traut sich nicht aus der Küche heraus.

Irgendwann, da hat das Kind schon jegliches Zeitgefühl verloren, öffnet sich die Küchentür, die Mutter sagt, komm, wir fahren. Sag der Oma tschüss.

Die Stimme der Mutter zittert ein wenig und die Augenränder sind rot. Die Rückfahrt im Auto verläuft schweigend, nur die herbe Süße der Makronen schmeckt das Kind noch eine Weile.

Immer wieder sonntags

Die Wohnung ist zwar groß, aber sie hat keinen Garten. Den Kindern ist das egal. Ihnen reicht der Hof zum Spielen. Jede Menge Spaß und frische Luft. Den Vater dagegen zieht es in die Natur. Jedes Wochenende, jeden Sonntag. Stets muss die ganze Familie mit. Raus in die Felder, in den Wald, jeden Sonntagnachmittag.

Der Sonntag ist der Tag des Herrn. Am Sonntagmorgen geht die ganze Familie in die Kirche. Nur wer krank ist, darf zu Hause bleiben.

Der Sonntag ist der Tag der Sonntagskleidung. Alltags dürfen die Strümpfe gestopft, die Röcke geflickt sein. Am Sonntag trägt man untadelige Kleidung. Sonntags darf man sich nur vorsichtig bewegen, damit die Kleidung nicht dreckig wird. Das Sonntagskleid. Der Sonntagsrock. Die Sonntagsstrümpfe. Die Sonntagsschuhe. Sonntagskleidung sieht aus wie neu, selbst wenn man schon längst herausgewachsen ist.

Der Sonntag ist der langweiligste Tag der Woche. Keine Schule, kein Treffen mit den Freundinnen. Der Sonntag ist der Tag der Familie. Nach dem Kirchgang bereitet die Mutter das Essen zu, die Kinder bleiben im Haus und spielen brav mit Legos oder Knüpferli oder sie malen. Zum Mittag decken sie den Tisch.

Wenn die Oma sonntags zu Besuch kommt, ist die Mutter immer nervös.

Wenn die Oma nicht kommt, macht der Vater nach dem Mittagessen einen Mittagsschlaf, die Mutter die Küche. In zwei Schüsseln, die man unter dem Küchentisch hervorziehen kann, wird das Geschirr gespült. Vorspülen, abspülen, abtrocknen. Wegräumen. Immer dasselbe. Sonntags hat das Hausmädchen frei und das Kind muss abtrocknen. Als Älteste.

Ist die Küche fertig und der Vater aufgewacht, macht sich die Familie bereit für den sonntäglichen Ausflug. Meist geht es in die Bauerschaften. Für die Kinder eine willkommene Abwechslung. Leider nur bei gutem Wetter.

Der Vater hat Freude daran, den Kindern die Natur zu erklären, die Losung der Hasen und Rehe zu zeigen, die Suhlen der Wildschweine. Er macht auf das Rufen des Kuckucks und das Klopfen des Spechts aufmerksam und auf den eleganten Flug des Graureihers. Seine Begeisterung für die Natur überträgt er auf die Kinder. Die Mutter fürchtet um die guten Sonntagssachen.

Manchmal schnitzt der Vater Weidenflöten, auf denen man sogar richtige Melodien spielen konnte, oder schält im Herbst kleine rote Äpfel, die von den Bäumen am Wegesrand gefallen waren. Manchmal sind die Manteltaschen der Kinder gefüllt mit Bucheckern, Eicheln, Holzstückchen, mit allem, was sich auf so einem Spaziergang an Kostbarkeiten finden lässt. Die Taschen beulen aus. Krümel setzen sich in die Nähte. Die Mutter seufzt.

Der Vater kennt alle Wege. Behauptet er. Doch oft genug ist ein Weg zu seinem Erstaunen plötzlich zu Ende. Ein Stacheldrahtzaun oder ein kleiner Bach, eine sumpfige Wiese tauchen als Hindernisse auf. Nicht selten kommt deshalb die Familie verdreckt nach Hause. Die schönen Sonntagskleider! Das Kind ist glücklich. Die Mutter seufzt wieder und ist froh, wenn sie keine Klinke in den Sonntagsröckchen der Kinder entdeckt.

Als die neue Schwester da ist, wird die Wohnung bald zu klein. Die Eltern bauen ein Haus. Mit einem eigenen Zimmer für jedes Kind. Das Kind vermisst die Schlafgeräusche der Geschwister und den Lärm der Autos vor dem Fenster. Es braucht lange, um sich an die Stille zu gewöhnen.

Das neue Haus hat eine große Terrasse, einen Garten zum Spielen und eine Schaukel. Die Sonntagsspaziergänge hören auf. Das Kind hätte gern weiter Sonntagnachmittagsabenteuerspaziergänge gemacht. Die Bäume im Garten sind noch klein. Sie müssen noch wachsen.

Die Mutter ist zufrieden. Keine unwegsamen Wege, keine Verirrungen, keine schmutzige Sonntagskleidung mehr.

Kaleidoskop

BRD und SPD, CDU, CSU, FDP

DDR und SED

17. Juni 1953

Warschauer Pakt – Pariser Verträge (1955)

Ungarnaufstand (1956)

Das Saarland – 10. Bundesland (1957)

1. Handelsabkommen mit der UdSSR (1957)

Einrücken von 10.000 Wehrpflichtigen in Kaserne (1957)

Der erste Weltraumflug der UdSSR (1960)

13. August 1961

Kalter Krieg

Der eiserne Vorhang

Die Militarisierung beider deutscher Staaten

Republikflucht

Abrüstungsvereinbarungen

3-geteilt? – niemals!

Das Schild war immer da. Es war kein Ortsschild, aber es stand am Ortsausgang. Nicht der Name der Stadt stand darauf. Es war auch nicht gelb, sondern orange mit unregelmäßigen Begrenzungslinien außen herum und zwei weißen Wellenlinien mitten durch. Auf dem Schild stand etwas geschrieben. 3-geteilt? – niemals! Das Kind versteht nicht, was gemeint ist. Wenn es die Linien betrachtet, stellt sich das Kind immer ein halb aufgerichtetes Pferd vor. Oben rechts der Pferdekopf, darunter die Vorderbeine, hinten der schwere Leib.

Das Schild sieht das Kind immer, wenn es im Winter zum Rodelhügel am Rande der Stadt geht, zu dem Rodelhügel, der als einziger lang und steil ist. Und gefährlich. Das Kind liebt die Gefahr, auch wenn sie nur eingebildet ist.

Das Kind sieht das Schild immer, wenn die Familie einen Ausflug zum Wildgehege macht oder zum Wehrturm der Stadt. Vom Turm aus kann man ganz weit gucken, manchmal mehr als 40 Kilometer. Aber nur bei gutem Wetter.

Das Kind sieht das Schild immer, wenn es die Stadt verlässt.

In der Schule haben alle Kinder einen DIERCKE Weltatlas, mit braunem Leineneinband und goldener Schrift. Auf vielen, auch ausklappbaren Seiten ist die ganze Welt abgebildet, Amerika, Asien, Afrika, Australien. Lauter As. Nur Europa beginnt mit einem E.

Das Kind lernt, dass die roten dick gestrichelten Linien die Grenzen der Länder zu Deutschland kennzeichnen: die Niederlande, Belgien, Luxemburg, Frankreich, die Schweiz, Österreich, die Tschechoslowakei, Polen, Dänemark. Problemlos lassen sich die Umrisse des orangefarbenen Schildes wiederfinden und nachziehen.

Aber was ist mit den mittleren Linien? Sie sind nicht so dick, nur durchbrochen gezeichnet und schwerer erkennbar. Zur Zeit unter polnischer Verwaltung steht da mit roter Schrift, und Deutsche Grenze bis 31.12.1937 im Ostteil Deutschlands, und in der Mitte: sowjetische Besatzungszone, SBZ. Sowjetische Besatzungszone. Das ist schwer auszusprechen und zu verstehen. Sowjetunion.

Wenn das Kind fragt, warum, was heißt SBZ, was bedeutet unter polnischer Verwaltung, dann sagen die Eltern, das hat mit dem Krieg zu tun. Der Krieg ist aus und so ist es nun mal. Früher hieß die Sowjetunion Russland. Und die SBZ ist auch Deutschland. Das andere Deutschland. Frag nicht. Aha. Ja. Russland kennt das Kind, vom Russlandonkel. Da ist es immer schrecklich kalt. Und die Russen sind böse Menschen.

Im Westen leben die Guten. Soviel versteht das Kind. Die Engländer, die Franzosen, die Amerikaner. Die haben den Deutschen nach dem Krieg geholfen. Erst haben die Engländer ganz viele Bomben auf Deutschland geworfen und alles kaputt gemacht, und dann haben die Amerikaner geholfen, alles wieder neu zu machen und haben Pakete geschickt mit Essen. Ja, so war das damals. Ihr wisst gar nicht, wie gut ihr es habt. Immer genug zu essen und ein Dach über dem Kopf und warme Sachen zum Anziehen, wenn es kalt ist. Und deshalb müsst ihr dankbar sein, dass ihr es so gut habt, sagen die Erwachsenen wieder und wieder. Die Fragen des Kindes beantworten sie nicht.

Das Kind fragt nicht mehr, warum die Lehrerin gesagt hat, dass die ersten beiden Strophen des Deutschlandliedes verboten sind. Natürlich kennen alle Kinder den Text. Er ist einfach da: Deutschland, Deutschland, über alles ... Von der Maas bis an die Memel, von der Etsch bis an den Belt. Deutschland, Deutschland über alles, über alles in der Welt. Wo liegen die Maas und die Memel, was ist ein Belt? So groß war früher Deutschland, erklärt der Vater. Aber das war früher, vor dem Krieg und nun geh spielen.

Das Kind kennt ein Spiel, das vor allem die Jungen spielen. Deutschland erklärt den Krieg gegen ... und dann muss man Frankreich, Polen, England oder Russland sagen. Fünf Länder, fünf Kinder, fünf Felder, alle gleich groß in den Sand geritzt. Jedes Kind hat ein Taschenmesser. Das Taschenmesser muss möglichst so in das Sandgebilde geworfen werden, dass man ein großes Stück aus dem genannten Land ausschneiden kann. Jedes Land bemüht sich natürlich auch, Deutschland, das in der Mitte liegt, möglichst viel Land wegzunehmen. Wer zum Schluss das größte Stück Land hat, ist Sieger.

Immer wieder taucht das Wort Krieg auf, auch in dem Kinderlied, das die Kinder oft singen, ohne sich etwas dabei zu denken: Maikäfer flieg, dein Vater ist im Krieg, deine Mutter ist in Pommerland, Pommerland ist abgebrannt, Maikäfer flieg. Wo Pommerland ist, fragt das Kind schon nicht mehr. Dass Krieg etwas Schreckliches gewesen sein muss, kann es nur ahnen. Immer senken die Erwachsenen die Stimme, wenn sie vom Krieg sprechen, vom Blitzkrieg gegen die Franzosen, vom Stellungskrieg gegen den Russen, von Stalingrad.

Der Russe. Der Russe war gefürchtet. Ist es immer noch. Er hat dem Onkel Fritz den rechten Arm zerschossen, sodass er eine Handschuhhand hat und die linke Hand zur Begrüßung hinstreckt. Der Russe ist verantwortlich für das steife Bein vom Russlandonkel, der, so raunen die Stimmen der Erwachsenen, noch Glück gehabt hat und rechtzeitig herausgekommen ist. Woraus?

Was Krieg wirklich ist, kann sich das Kind nicht vorstellen. Niemand erklärt es ihm. Aber in vielen Fenstern leuchten im Winter Kerzen. Für die Vermissten, für die Verschleppten, für die Kriegsgefangenen, die Heimatlosen.

Und wieder raunt es: Russland, Straflager. KZ. Böse Wörter, so scheint es dem Kind, Wörter, die Schlimmes bezeichnen, schlimm, unaussprechlich schlimm. So schlimm. Manchmal träumt das Kind schlimm, die Kälte und Hoffnungslosigkeit, die Verlorenheit und Unsicherheit. Es steht oben an einer Treppe und schaut in die Tiefe. Ganz weit unten glimmt ein kleines Licht. Die Treppe ist dunkel und die Stufen unsichtbar. Das Kind weiß, es muss hinuntergehen. Es tastet sich Stufe für Stufe die unsichtbare Treppe hinunter. Aber so viele Stufen es auch nimmt, es kommt dem Licht nicht näher. Zurück kann es nicht. Die Stufen sind im Dunkel verschwunden. Es geht nur immer weiter treppab. Endlos.

Irgendwann setzt das Kind sich verzweifelt auf eine Stufe und weint. Meist wacht es dann auf. Sein Herz klopft bis zum Hals, das Kissen ist nass von Tränen. Oft kann es lange nicht wieder einschlafen. Ist Krieg so schlimm wie der Traum?

Weihnachten kommen immer Pakete, mit Nussknackern, mit Räuchermännchen, mit Pyramiden, die sich lustig drehen, wenn man die Kerzen anzündet, mit Figuren für den Weihnachtsbaum und mit vielen Engelchen, die Trompete und Geige und Flöte spielen. Jedes Jahr kommen die Päckchen, jedes Jahr mit demselben Inhalt. Die Mutter seufzt. Wohin nur damit? Verwandte und Bekannte winken ab. Sie haben selbst genug. Aus dem Erzgebirge kommen die, sagt die Mutter. Aus der SBZ. Da kann man nicht einfach so hinfahren, da gibt es eine Grenze und die wird bewacht. Ach ja, schlussfolgert das Kind, von den bösen Russen. Nur mit besonderer Erlaubnis dürfen die aus dem Osten zu uns in den Westen kommen. Osten-Westen. Die Welt aufgeteilt nach Himmelsrichtungen. Dem Kind schwirrt der Kopf.

Die Menschen dort sind arm. Sie haben nicht einmal den guten Bohnenkaffee oder Nylonstrümpfe, erklärt die Mutter. Deshalb packen Verwandte hier im Westen immer zu Weihnachten und zu Ostern Päckchen, mit dem Nötigsten, außer dem guten Bohnenkaffee auch richtiges Mehl und Dauerwürste und natürlich Schokolade. Das Kind weiß, die Mutter legt auch immer noch zwei Paar Seidenstrümpfe obendrauf. Die haben ja sonst nichts.

Und als Dank kommen dann diese Päckchen, aus der SBZ. Dass die SBZ Deutsche Demokratische Republik hieß, DDR, wusste das Kind lange nicht.

Aus der SBZ kommen jedes Jahr zwei Kinder zur ersten Heiligen Kommunion. In der SBZ gibt es nur die Diaspora, arme Menschen, die unter lauter Ungläubigen leben, und die ihren Glauben verteidigen müssen, also eigentlich Helden sind. Lange hängt das Kind an dieser Vorstellung. Wenn ein Kommunionkind aus der Diaspora der SBZ in die kleine Stadt kommt, wird es von einer wohlhabenden Familie aufgenommen und eingekleidet. Meist werden die Kommunionkinder, ein Junge und ein Mädchen, von einem Priester begleitet und nach den Feierlichkeiten wieder zurück in die SBZ gebracht oder zurück nach DRÜBEN, wie es oft heißt.

DRÜBEN ist jenseits der Grenze, die so schwer zu überwinden ist. DRÜBEN ist im Osten, DRÜBEN sind die Menschen nicht nur arm und bedauernswert, sondern auch Kommunisten. Kommunisten sind auch die Russen. Sind also die Menschen DRÜBEN schlecht und nur die Menschen in der Diaspora gut? Irgendwie wirken diese Diasporakinder ganz normal, findet das Kind, gar nicht so besonders.

Mit der Zeit gewöhnt sich das Kind daran, weniger zu fragen, der Krieg ist vorbei und die Grenzen gezogen. Doch wenn es an dem orangefarbenen Schild, das beinahe ein Pferd zeigt, vorbeikommt, erinnert es sich an die Grenzen, an die SBZ, an das Gebiet unter polnischer Verwaltung. Im Alltag spielen diese Grenzen keine Rolle. Bis zu dem Tag, an dem alle Ängste zurückkehren.

Wie so oft ist der Sonntag der Familie verplant. Man fährt zum Bruder des Vaters ins Sauerland. Die Kinder freuen sich, auf die Cousins und Cousinen, mit denen man so herrlich den langen breiten Flur auf Socken langschlindern kann, auf die Großmutter, die immer Plätzchen bereithält, auf den Onkel und die Tante und den leckeren Knochenschinken, der immer in der Küche unter einem Tuch liegt und nur darauf wartet, dass jemand eine Scheibe absäbelt. Das Schneidemesser liegt stets griffbereit.

Zum Haus gehören ein großer Garten mit vielen alten Obstbäumen und ein Hühnerhof. Viel Platz zum Toben und Unsinn machen. Die Erwachsenen sind meist mit Reden beschäftigt und achten nicht auf das, was die Kinder treiben.

Alles ist wie immer. Wie immer wird das Kind mit einem Krug zur Gastwirtschaft geschickt, Bier holen. Wie immer gibt es Kaffee und Kuchen. Wie immer liegt der Knochenschinken auf dem Küchentisch. Alles wie immer und doch alles anders.

Es ist ein warmer Augusttag. Anders als sonst ist die Stimmung der Erwachsenen trübe, gedrückt. Das Toben im Flur und im Garten macht nur wenig Spaß.

Die Erwachsenen haben sich trotz des schönen Wetters im Herrenzimmer versammelt, da wo unter den Gehörnen und Geweihen das große Bakelit-Radio von Grundig steht. Zu Hause haben die Eltern ein ähnliches Gerät, auch mit Tasten und dem grünen Auge. Selbst die Großmutter, die nur selten ihre eigenen Wohnräume auf der anderen Seite der Diele verlässt, ist an diesem Nachmittag im Herrenzimmer.

Die aufgeregten Stimmen im Radio klingen bis in den Flur, ohne dass die Kinder verstehen können, was sie sagen. Niemand verscheucht die Kinder, als sie sich schließlich leise ins Wohnzimmer schleichen, beunruhigt, weil sich die Erwachsenen so seltsam benehmen. Und dann erfahren sie es: Die Grenze in Berlin ist dicht. Es ist der 13. August 1961, ein strahlend schöner Augusttag. Jetzt gibt es eine Mauer in Berlin, zwischen Westen und Osten.

Dass der Ministerialrat der DDR schon am Tag zuvor die Sperrung der Sektorengrenze in Berlin verfügt hatte, dass die Zahl der Divisionen der Westmächte in den letzten Wochen erhöht worden war, dass vier Tage vorher so viele Menschen wie nie in Berlin in den Westsektor geflüchtet waren, das alles erfährt das Kind in diesem Moment nicht.

Was es bei der Radioübertragung nicht sehen kann: Wie die Volkspolizisten riesige Stacheldrahtrollen ausrollen, Panzersperren einrichten, Straßen aufreißen, brutal, unerbittlich, zielstrebig.

Das Kind sieht nur den Schrecken in den Augen der Erwachsenen, hört die Furcht in ihren Stimmen und das Wort Krieg.

Die Heimfahrt am späten Abend, schon in der Dämmerung, verläuft schweigend. Die Eltern reden nicht und die Kinder tun so, als ob sie schlafen.

Als das Kind das nächste Mal die Straße stadtauswärts zum Turm geht, ist das orangefarbene Schild verschwunden. 3-geteilt? – niemals!

Spruchreif

Was gewesen ist, ist gewesen.

Eine Krähe hackt der andern kein Auge aus.

Befehl ist Befehl.

Wir haben nur unsere Pflicht getan.

Das haben wir nicht gewusst.

Es war nicht alles schlecht.

Was hätten wir denn tun sollen.

Ihr habt ja keine Ahnung.

Uns hat auch keiner was geschenkt.

Der Russlandonkel

Ruki werch! Grinsend, die Hände zu einem Gewehr geformt, steht der Onkel in der Tür. Ruki werch!, brüllt er noch einmal, bevor er sich an dem stocksteif dastehenden Kind vorbei in die Diele drängt. Dann legt er seinen Pelzmantel ab, schüttelt ihn, dass die Schneeflocken nur so heraussprühen, und hängt den Pelz in die Garderobe. Als Letztes nimmt er seine Mütze ab; eine echte Russenmütze, wie er immer betont, innen mit Fell ausgeschlagen und Ohrenklappen, die man über die Ohren ziehen kann.

Jaja, in Russland war es kalt, sehr kalt. Da kam man ohne Fellmütze nicht weit, doziert der Onkel jedes Mal aufs Neue. Der Russe, ja der hatte anständige Kleidung gegen die Winterkälte, dagegen wir. Was haben wir gehungert und gefroren, damals in Russland. Das Kind starrt. Dann woll'n wir mal. Der Onkel reibt sich die Hände und öffnet die Wohnzimmertür. Das Kind wagt sich nicht zu rühren, steht immer noch wie angewachsen im Flur.

Na, Knarina?, poltert der Onkel, sein steifes Bein hinter sich herziehend, in das Wohnzimmer. Immer noch so schüchtern? Was stehst du denn 'rum wie Piksieben? Das Kind zuckt bei der Ansprache zusammen und wäre am liebsten im Boden versunken.

Der Onkel erlaubt sich immer solche Scherze. Er nennt das Kind Knarina statt Karina, obwohl er genau weiß, wie wenig es das mag. Oder vielleicht gerade deshalb?

Na, komm auf meinen Schoß. Der Onkel hat sich in den Sessel fallen lassen, das steife rechte Bein weit von sich gestreckt, und klopft einladend auf sein linkes Knie. Na, was ist? Ich beiß doch nicht. Mein Gott, Anna, wieso ist dieses Kind so verdruckst? Der Onkel schaut die Mutter vorwurfsvoll an.

Na dann komm du, wendet er sich schmeichlerisch an die jüngere Schwester, die sich dann auch ohne Widerstand auf das heile Knie des Onkels ziehen lässt. Siehst, du, wendet er sich wieder an das Kind. Da ist doch nichts dabei.

Alles in dem Kind sträubt sich. Es mag den Onkel nicht, nicht seine laute Art zu reden, nicht seine großspurigen Erzählungen, wie er es dem Russen gezeigt hat, damals im Krieg, bevor er schwer verwundet wurde und leider nicht mehr weiterkämpfen konnte. Es mag nicht die Art, wie der Onkel die Mutter herumkommandiert und mit kleinen Bemerkungen aus der Fassung bringt.

Der Onkel ist der Zwillingsbruder der Mutter und kommt wenigstens einmal im Monat zu Besuch. Er wohnt im Nachbarort, im selben Haus mit der Oma zusammen. Wenn die Mutter und das Kind auf Omabesuch sind, muss der Onkel im Laden stehen und hat keine Zeit.

Das Kind beobachtet die Mutter, wenn der Onkel mit ihr spricht. Hat sie etwa auch Angst, Angst vor dem Zwillingsbruder? Ihm gegenüber sind ihre Schultern immer ein wenig hochgezogen, selten blickt sie ihn direkt an. Wenn sie mit ihm spricht, spricht sie leise, als solle er gar nicht verstehen, was sie sagt.

Wenn Bekannte der Eltern zu Besuch sind, sprüht der Onkel vor Charme, ist witzig und schlagfertig, kennt sich in Literatur und Kunst genauso gut aus wie in der Politik, hat zu allem eine Meinung, die er überzeugend und lautstark zu vertreten weiß.

Aus ist es allerdings mit Charme und guter Laune des Onkels, wenn von der Kirche die Rede ist. Da wird er richtig fuchtig, er argumentiert nicht mehr; sein Gesicht läuft dann rot an und die Wörter aus seinem Mund sprühen wie Funken auf sein Gegenüber nieder.

Auf die Kirche ist der Onkel ganz und gar nicht gut zu sprechen, versteht auch überhaupt nicht, dass die Schwester dauernd in die Messe läuft zu diesem Pfaffengesindel, dass sie die Kinder taufen ließ und das Kind zur ersten Heiligen Kommunion geschickt hat. Verlogenes Pack, giftet er, hinterfotzige Kriminelle, die mit ihren schönen Reden den Gläubigen ein schlechtes Gewissen machen und ihnen das Geld aus der Tasche ziehen.

Wo war denn der liebe Gott, als ich im Dreck in Russland rumgerobbt bin? Wo war er denn, als sie mir das Bein zerschossen haben? Und dann auch noch die Gläubigen ausnehmen. Kirchensteuer, pah! Da solle ihm mal einer kommen. Und dann noch dies Theater mit der Heirat. Katholisch-evangelisch, Mischehe. Da hat er lieber gleich verzichtet und nur standesamtlich geheiratet. Dass die Mischehe etwas Verbotenes ist, das nur hinter vorgehaltener Hand erwähnt wird, hat das Kind schon öfter mitbekommen, auch wenn es den Zusammenhang nicht wirklich begreift.

Jedes Mal, wenn die Rede auf die Religion kommt, redet der Onkel sich regelrecht in Rage. Dann hilft auch nicht der Einspruch des Vaters. Meist enden diese Gespräche mit einem Knall. Der Onkel steht wütend auf und knallt erst die Wohnzimmertür und dann die Haustür hinter sich zu.

Das Kind weiß, dass der Onkel seine Frau noch im Krieg geheiratet hat, eine Kriegsehe, oder eher Kran-

Der Russlandonkel

kenhausehe, denn da lag er schon, den halben Körper in Gips gepackt, im Krankenhaus. Die Trauung hat ohne Priester stattgefunden, nur im Beisein der beiden Trauzeugen. Nicht einmal die Eltern von Braut und Bräutigam und schon gar nicht die Geschwister waren dabei. Die hätten sich auch nichts zu sagen gehabt, denn die Eltern der Braut waren sogenannte kleine Leute. Das jedenfalls hat das Kind die Mutter einmal erzählen hören. Das Kind mag die Tante, sie ist immer gut gelaunt und fröhlich, wenn sie mit zu Besuch kommt. Dann ist auch der Onkel umgänglicher.

Viele Jahre später wird der Onkel psychisch krank und begeht Selbstmord. Wie sehr es den Onkel immer gefürchtet hat, wird dem Kind erst da bewusst.

Der Rabe

Fassungslos schaut das Kind den Vogel an, den es in den Händen hält. Er ist wunderschön gemacht mit seinem schwarzen, glatten Plüschgefieder, seinem großen, roten Schnabel und seinen metallenen roten Krallen.

Das ist ein Steifftier, so wie du es dir gewünscht hast, strahlt die Tante. Gefällt er dir, der Rabe? Hier, schau mal, du kannst sogar die Flügel abspreizen und den Schnabel öffnen. Krakra.

Die Tante merkt nicht, dass das Kind gar nicht reagiert, sondern den Raben merkwürdig steif in der Hand hält.

Das Kind hat sich ein Steifftier gewünscht. Ein Steifftier, ein Kuscheltier, einen Hasen oder einen Bären, wie die jüngere Schwester ihn zur Kommunion bekommen hatte.

Immer schon hat sich das Kind ein Steifftier gewünscht, ein Kuscheltier. Nie hatte jemand auf seinen Wunsch gehört. Und nun das.

Wie konnte die Tante den Wunsch nur so falsch verstehen? Sie hatte wohl bemerkt, dass das Kind irgendwie bedrückt und schlecht gelaunt war und hatte nachgefragt. Und das Kind hatte geantwortet, es wolle auch gern ein Steifftier.

Woher sollte die Tante wissen, dass das Kind sich danach sehnte, etwas zum Kuscheln zu haben, etwas, an das es sich nachts anschmiegen konnte, wenn es nach einem Albtraum aufwachte und nicht wieder einschlafen konnte. Etwas, das Trost spendete, weil es weich war und sich drücken ließ. Etwas, was einem ganz allein gehörte und das man überallhin mitnehmen konnte. Das Kind ringt sich ein kleines Lächeln ab. Die Tante hat es doch gut gemeint.

Das Kind betrachtet den Raben in seinen Händen genauer. Wirklich. Er ist wirklich schön. Die gläsernen Augen glänzen unternehmungslustig, wenn sich ein Sonnenstrahl in ihnen bricht. Der Schnabel ist frech geöffnet, als wolle er es mit der ganzen Welt aufnehmen. Der schwarze Plüsch fühlt sich weich und zart an. Darunter allerdings ist alles hart und fest. Die Metallkrallen sind vorn fast spitz, angriffslustig.

Du kannst ja nichts dafür, sagt das Kind zu dem Raben. Nun bist du da und ich weiß nicht, was ich mit dir machen soll.

Das Kind stellt den Raben ins Regal über dem Bett. Der Rabe schaut mit seinen glänzenden Knopfaugen zum Kopfkissen.

Am Morgen wacht das Kind auf. Der Rabe scheint es anzuschauen. Guten Morgen, Rabe, sagt das Kind und reckt sich, streckt sich und steht auf, um sich für die Schule fertig zu machen. Der Rabe schaut unbewegt auf das Kind.

Am Abend wünscht das Kind dem Raben eine gute Nacht. Der Rabe schaut nur.

Mit der Zeit gewöhnt sich das Kind an, mit dem Raben zu sprechen. Es erzählt ihm, wie es in der Schule war, welcher Kummer es bedrückt, was es Schönes erlebt hat.

Der Rabe hört zu. Immer. Er ist ein geduldiger Zuhörer.

Als die Tante das nächste Mal zu Besuch kommt, bedankt sich das Kind noch einmal überschwänglich für den wunderschönen schwarzen Raben.

Fingerübungen 1

Na Freundschaft, haben wir heute geübt? Dieser Satz dreht sich endlos im Kopf, während das Kind auf die Schritte lauscht, die sich Richtung Tür bewegen.

Na Freundschaft, haben wir heute geübt? Der Klavierlehrer steht in der geöffneten Haustür. Komm rein, sagt er und wieder: Na Freundschaft, haben wir heute denn geübt?

Das Kind folgt dem Klavierlehrer, der eigentlich kein richtiger Lehrer ist, sondern der Kantor der Kirche, ins Wohnzimmer. Es drückt sich an ihm vorbei, ohne ihn anzusehen und setzt sich an den schwarzen Flügel, ruckelt den Klavierschemel zurecht, stellt die Höhe ein. Das Gewinde quietscht.

Zuerst die Fingerübungen, Läufe mit Fingersatz, erst die rechte Hand, dann die linke Hand. Das Kind hat geübt. Jeden Tag. Mit allen fünf Fingern. Mit beiden Händen. Die C-Dur-Tonleiter rauf und wieder runter, rechts und links, links mehr als rechts, die Finger wollten erst nicht. Aber dann klappte es.

Der Klavierlehrer liegt auf dem Sofa an der Wand hinter dem Flügel. Neben sich ein Glas Tee auf einem kleinen Beistelltisch. Während das Kind die Tonleitern klimpert, klirrt der Löffel leise beim Umrühren. Zwei Löffel Zucker, weiß das Kind. Nicht mehr, nicht weniger. Der Klavierlehrer ist genau.

Na Freundschaft, haben wir heute denn geübt? Die Finger verkrampfen sich, der Mittelfinger will beim Übersetzen nicht über den Daumen. Der Lauf stockt. Der Atem stockt. Noch einmal. Die Tonleiter von vorn. Tonleiter rauf. Diesmal hakt schon der Daumen beim Untersetzen. Noch einmal. Die Finger werden feucht, rutschig. Langsam. Konzentration. Endlich, geschafft. Na ja.

Die Etüden! Czerny-Etüden. Das Kind schlägt die Seite auf. Halbe Noten, ganze Noten, Viertelnoten, erst rechts, dann links, dann rechts und links gemeinsam. Es klappt. Das Kind entspannt sich.

Das Lied! Das Kind ist frohgemut, hat das kleine Lied mit Hingabe geübt. Endlich nicht nur Tonleitern und Etüden, eine richtige Melodie. Das Kind kann das Stück auswendig. Die Finger wissen von selbst, wohin sie gehen müssen. Das Kind schaut nicht aufs Blatt. Spielt. Es hört sich ganz passabel an. Ausatmen. Gut.

Plötzlich der Zweifel: Stimmt der Fingersatz? Ist die Note richtig? Ein kurzer Blick aufs Blatt. Verirrung, Verwirrung. Das Kind findet die Stelle nicht, die Finger finden die Tasten nicht. – Aus.

Noch einmal! – Also von vorn. Diesmal schaut das Kind von Anfang an aufs Blatt, findet die Noten, verliert den Rhythmus. Die Finger verkrampfen sich.

Noch einmal! – Ungehalten die Stimme. Der Löffel klirrt leise im Teeglas. Noch einmal von vorn. Das Kind ist den Tränen nah. Nur nicht heulen! Die Finger wollen nicht, der Kopf hört die Melodie nicht.

Aus! Freundschaft, du hast wieder nicht geübt! Ich hab's ja gewusst. Man kann nicht Melodien spielen, wenn die Technik nicht sitzt. Der Klavierlehrer ist hörbar verärgert.

Das Kind packt das Heft ein, drückt sich am Klavierlehrer vorbei, verlässt den Raum. Das leise Auf Wiedersehen wird übertönt vom Schrillen der Haustürglocke. Der nächste Klavierschüler.

Fingerübungen 2

Das Kind öffnet die Tür, drängt sich rasch an dem nächsten Klavierschüler vorbei, hastet die Stufen hinunter, hat es eilig, stolpert fast. Komm herein, hört es den Klavierlehrer in seinem Rücken noch sagen, und: Hast du denn diesmal geübt, Freundschaft?

Die gemurmelte Antwort geht im Klacken der Haustür unter. Hast-du-denn-dies-mal-ge-übt-hast-du-denn-dies-mal-ge-übt skandieren die Schritte des Kindes im Gehen.

Die Worte hallen in seinen Ohren wider. Ja, ja, ja möchte das Kind schreien. Aber es ist nicht genug. Nicht genug. Die Stimme in seinem Kopf lässt sich nicht abstellen. Ich möchte doch nur so schöne Lieder spielen können wie der Vetter, bettelt das Kind. Du bist unbegabt, unbegabt. Du lernst das nie, höhnt die Stimme in seinem Kopf weiter. Das Kind rennt nach Hause, rennt weg vor der Stimme, rennt weg vor der Enttäuschung, wieder versagt zu haben.

Auf sein Klingeln öffnet die Mutter die Tür. Wie war's?, fragt sie und schaut das Kind an. Das Kind blickt zu Boden. Ganz okay, sagt das Kind zu seinen Fußspitzen.

Es hängt seine Jacke auf, legt die Klavierbücher ordentlich auf das Klavier und schnappt sich das Buch, in dem es gerade liest. Fünf Freunde auf großer Fahrt. Den Rest des Tages verbringt das Kind in einer anderen Welt, in einer Welt voller Abenteuer. Ach, George.

Wolkenschaukel

Endlich ist der Sommer da, mit blauem Himmel, Sonnenschein von morgens bis abends. Sommer und Ferien. Kein Wecken am Morgen, komm aufstehen, beeil dich, putz dir die Zähne, hast du die Schultasche gepackt, hast du nichts vergessen?

Keine Hetze, keine Hektik, stattdessen Vogelgezwitscher und wohliges Bettkuscheln. Manchmal kommen auch die Schwestern. Dann kuscheln sie zu dritt im Bett. Auch die Mutter wirkt entspannter, gelöster. Sie muss ja auch nicht dafür sorgen, dass die Kinder sich rechtzeitig und ohne etwas zu vergessen auf den Weg zur Schule machen.

Sommer. Von den kitzelnden Sonnenstrahlen niesen. Die Wärme auf der Haut spüren. Den Wind durch die Haare wehen lassen. Mit der Schaukel hoch in die Luft schwingen und abspringen am höchsten Punkt, fliegen. Im Heu liegen. Die wandernden Wolken beobachten. Wie sie sich dehnen und recken, zerfließen und wieder zusammenfinden. Hier das Gesicht eines Riesen. Nein, ein Zwerg Nase. Ein Ziegenbock, ein Einhorn, ein prächtiges Wolkenhaus, Frau Holle? Mit den Wolken die Gedanken wandern lassen, mal hier- mal dahin, ohne Richtung und Ziel.

Sommerseligkeit. Maßlos. Endlos.

Sommer. Fangen und Verstecken spielen, Gummitwist, Seilchenspringen, Hüpfekästchen. Ein Zelt aus Decken bauen – es regnet nicht. Das Zelt als Höhle der Geborgenheit.

Abends, draußen, im Garten, mit weit offenen Augen ins Dunkel schauen, den Mann im Mond erkennen, die Sterne zählen, das Sterntalermärchen lesen, Glüh-

würmchen fangen wollen. Glühwürmchen, Glühwürmchen flimmre, Glühwürmchen, Glühwürmchen schimmre ... Schlager singen, Chips essen, bis
der Bauch dick und rund ist. Tanzen, drehen, Zwei
kleine Italiener, die wollten nach Napoli, lachen, Spaß
haben. Unbeschwertheit.

Dann, nach Wochen, verschwindet die Sonne hinter
gewaltigen Wolkenbergen, nicht Riese, nicht Zwerg
Nase, nicht Ziegenbock noch Einhorn, kein prächti-
ger Palast. Tief und schwer hängen die grauen Wolken. Regen strömt.

Maßlos, endlos.

Der Sommer vorbei, die Ferien zu Ende.

Aufstehen, es ist schon spät. Vergiss nicht die Zähne
zu putzen. Hast du die Schultasche gepackt, hast du
auch nichts vergessen?

Das neue Schuljahr beginnt.

Das Kinderheim

Am Kinderheim kommt das Kind auf dem täglichen Schulweg vorbei, seit die Familie umgezogen ist und in dem neuen großen Haus wohnt. Es muss nur die Straße hinuntergehen.

Im Kinderheim, weiß das Kind, wohnen Kinder, die keine Eltern mehr haben. Sie bekommen dort zu essen und zu trinken und die kleineren Kinder müssen nachts in Schlafsälen schlafen. Die Betten stehen in zwei Reihen, immer Kopf an Kopf. Die größeren Kinder, ab dem 5. Schuljahr, haben ein Zimmer, das sie sich mit zwei anderen Kindern teilen.

Die Schlafsäle liegen unter dem Dach des anderthalbstöckigen, gedrungen wirkenden Gebäudes. Der große Esssaal ist im Erdgeschoss, gleich links neben dem Eingang. Das Kind hat einmal eine Mitschülerin dorthin begleitet und sich neugierig umgeschaut und das Mädchen mit Fragen gelöchert.

Das Kind weiß jedoch nicht, dass im Kinderheim auch Kinder abgegeben werden können, für einige Tage oder auch Wochen, wenn die Mutter krank wird oder wenn die Eltern ohne ihr Kind in den Urlaub fahren wollen.

Das Kind freut sich. Endlich! Endlich darf es mit den Eltern in den Urlaub fahren. In die Berge. Über Almen wandern, das Läuten der Kuhglocken hören, auf Berggipfel steigen, über die ganze Welt blicken. Wovon es so lange geträumt hat. Was es sich immer gewünscht hat.

Schon Wochen vor der Reise legt das Kind Sachen bereit, die es mit in den ersten großen Urlaub nehmen möchte. Eine so weite Reise will gut vorbereitet sein. Die Spielesammlung, verschiedene Kartenspiele, Block und Stifte zum Malen, ein Märchenbuch und zwei Hanni und Nanni Bücher aus der Bücherei, das Andersen-Märchenbuch. Das Federballspiel. Alles muss mit. Das Auto hat zum Glück einen großen Kofferraum.

Zum Anziehen braucht das Kind nicht viel. Es stellt sich vor, dass die ganze Zeit die Sonne scheint und man barfuß nur in Shorts und T-Shirt herumlaufen kann. Der Vater hat erzählt, dass es in dem Bergdorf, in dem die Pension steht, einen Bach gibt. Das Kind legt seinen Badeanzug zu den Anziehsachen.

Die Mutter packt einen großen Koffer mit abgelegter Kleidung. Für die armen Südtiroler Bergbauernkinder, wie sie erklärt.

Für die jüngste Schwester gibt es einen Extrakoffer. Sie soll nicht mitfahren. Sie ist noch zu klein für die lange Reise und die geplanten Bergwanderungen, finden die Eltern. Sie wird ins Kinderheim gebracht. Bekannte, die ihre Kinder regelmäßig im Kinderheim lassen, wenn sie in den Urlaub fahren, haben ihnen den Tipp gegeben.

Das Kinderheim hat einen guten Ruf. Die Kinder sind immer sauber gekleidet und höflich. In der Schule kann man sie äußerlich kaum von den anderen Kindern unterscheiden.

Die Nonnen, die das Heim führen, nehmen die kleine Schwester in Empfang. Die kleine Schwester weint, klammert sich an den Arm der Mutter. Das Kind kann sehen, dass es der Mutter schwerfällt, sich zu befreien. Dann dreht sie sich abrupt um, sagt zu dem Kind komm, und eilt die Eingangsstufen hinunter, ohne sich noch einmal umzudrehen. Das Kind schaut sich

Das Kinderheim

um, aber die Tür ist schon geschlossen. Zu hören ist nur das Schreien der Schwester.

Der Urlaub wird noch viel schöner und aufregender, als das Kind ihn sich vorher ausmalen konnte. In der kleinen Pension in den Bergen sind noch andere Familien mit ihren Kindern. Gemeinsam stauen sie einen Bach und baden in dem eiskalten Wasser. Sie machen im Sommer eine Schneeballschlacht auf einem Berggipfel. Das Glücksgefühl beim Anblick der verschneiten Berggipfel und der rot glühenden Almwiesen prägt sich dem Kind unauslöschlich ein. Sie beobachten Murmeltiere und Gämsen, trinken auf einer Alm Ziegenmilch, essen dazu ganz hartes Brot und saugen die klare, würzige Luft tief ein. Am Abend, beim Schlafengehen, freut sich das Kind immer schon auf den nächsten Tag.

Viel zu schnell ist der Urlaub vorbei.

Braun gebrannt und gut gelaunt kommt die Familie zu Hause an. Die Mutter packt die Koffer aus und setzt schon mal die erste Wäsche auf. Der Vater nimmt die beiden Schwestern mit zum Kinderheim, um die Jüngste abzuholen.

Das Kind freut sich. Irgendwie hat ihm die kleine Schwester gefehlt. Auch wenn sie noch nicht viel sprechen kann, auch wenn sie oft schreit.

Eine Nonne macht auf das Klingeln hin die Tür auf. Ach ja, die Kleine. Sie wollen sie abholen, sagt sie zum Vater. Ein schwieriges Kind. Der Vater schaut fragend. Das Kind ist ja noch nicht sauber, sagt die Nonne und guckt vorwurfsvoll. Sie hat jede Nacht ins Bett gemacht. Wir mussten ihr nachts eine Windel umlegen. Davon haben Sie uns nichts gesagt. Und gesprochen hat sie so gut wie gar nicht, fügt sie hinzu. Das war nicht leicht für uns.

Dann sieht das Kind die kleine Schwester. Den Teddy im Arm hält sie fest umklammert. Sie blickt angstvoll, geht nur zögernd auf den Vater und die Schwestern zu. Der Vater hebt die Tochter hoch und drückt sie fest an sich.

Den Koffer holen wir morgen, ruft er der Nonne noch zu und eilt davon, das Kind auf dem Arm. Kein Danke, kein Auf Wiedersehen.

Zu Hause ist die kleine Schwester ganz still. Sie schreit nicht, sie spricht nicht. Sie steht immer nur dicht an die Wand gedrückt. Nachts braucht sie Windeln. Vor dem Urlaub hatte sie keine Windeln mehr umgehabt. Die hatte die Mutter schon längst weggeräumt.

Es dauert Wochen, bis die kleine Schwester wieder Vertrauen gefasst hat.

Im Jahr darauf fährt die Familie zu fünft nach Südtirol.

Das Kinderheim

Kaleidoskop

Jakobs Kaffee – wunderbar

Persil – da weiß man, was man hat.

Bosch bringt der Hausfrau bessere Zeiten.

Lang erschallt's im Walde: Salamander lebe hoch!

Der Duft der großen weiten Welt – Peter Stuyvesant

Modernes Heim – die Welt der Frau

Frauengold – schafft Wohlbehagen, wohlgemerkt an allen Tagen.

Wer wird denn gleich in die Luft gehen? Greif' lieber zur HB. Dann geht alles wie von selbst. HB rauchen heißt, frohen Herzens genießen.

Mercedes-Benz – der Stern ihrer Sehnsucht

4711 – immer dabei!

Ariel – nicht nur sauber, sondern rein

Bauknecht weiß, was Frauen wünschen.

Werden Schmerzen dir zur Qual – rasche Hilfe bringt Togal.

Die Welt vertraut Ford.

Darauf einen Dujardin

Wer es kennt, nimmt Kukident.

Osram – hell wie der lichte Tag

Nesquik, der Plantagentrank mit dem Kakaofeingeschmack

Einen Volkswagen müsste man haben.

AEG – Aus Erfahrung Gut

Für Kuchen und Pudding – einfach Dr. Oetker

Juno – Genuss ohne Reue

Triumph krönt die Figur.

BMW Isetta, die motorisierte Einkaufstasche

Nivea – erhält die Haut geschmeidig, glatt und jung. Darum nach der Hausarbeit.

Ihr Heim – ihre Welt

Neckermann macht's möglich.

Einladungen

Oft sind die Eltern am Wochenende eingeladen. Als die Große ist das Kind für die jüngeren Geschwister verantwortlich. Und für das Telefon. Es kann ja sein, dass der Vater zum Krankenhaus gerufen wird, dann muss das Kind dem Vater telefonisch Bescheid sagen. Später hat der Vater einen Pieper. Aber das ist viel später. Wenn die Eltern aus dem Haus sind, dürfen die Kinder im Elternbett schlafen. Das ist lustig. Das Bett hat ein erhöhtes Fußteil, auf dem sich wunderbar balancieren lässt. Herunterfallen ist nicht schlimm, man fällt ja in das weiche Bett.

Mit der Nachttischlampe und den Händen zaubern die Kinder Tiere an die Wand, einen heulenden Wolf, eine schnatternde Ente, eine Katze, einen Hasen ... Meist schlafen die Kinder irgendwann müde ein. Manchmal aber wacht eine der Schwestern wieder auf, fragt nach den Eltern, wo die denn blieben, es sei doch schon stockfinstere Nacht. Manchmal weinen sie. Dann muss die Große Geschichten erzählen oder sich ausdenken, was die Eltern gerade machen. Ist es die Stimme, sind es die Geschichten, meist schlafen die jüngeren Geschwister rasch wieder ein.

Wenn dann die Eltern nach Hause kommen, finden sie drei friedlich schlafende Kinder in ihren Ehebetten vor. Behutsam werden die Kinder eines nach dem anderen vom Vater ins eigene Bett getragen. Das Kind tut allerdings nur so, als schlafe es. Es genießt die Gelegenheit, getragen zu werden und sich schlaftrunken an den Vater zu kuscheln. Eigentlich ist es dafür ja schon viel zu groß.

Manchmal laden die Eltern selbst ein. Schon morgens beginnt die Aufregung der Vorbereitungen, die sich durch den ganzen Tag ziehen. Es wird noch einmal Staub gewischt und gesaugt, alles auf Hochglanz poliert, wie die Mutter immer halb ernst, halb im Spaß sagt.

Über den Couchtisch wird eine frisch gestärkte weiße Decke gelegt. Die Kristallgläser werden aus dem Schrank geholt und mit einem Trockentuch noch einmal ausgewischt. Unter die Gläser kommen silberne Untersetzer mit Spitzendeckchen, die die Mutter an vielen Winterabenden mit einer ganz feinen Häkelnadel gehäkelt hat.

Auf einer Silberschale mit durchbrochenem Rosenmusterrand arrangiert die Mutter Gebäck, hauchdünne Schokoladentäfelchen und ausgesuchte Pralinen. Manchmal darf das Kind die Mutter in das Feinkostgeschäft begleiten und bei der Auswahl des Gebäcks beraten. Neben den Süßigkeiten gibt es auch noch Salzstangen und verschiedenartige Nüsse, später auch Nussmischungen und ganz neu, Studentenfutter. Wenn die Gäste etwas übrig lassen, dürfen die Kinder sich am nächsten Tag bedienen. Das passiert aber nur selten. Die Gäste wissen das erlesene Angebot zu schätzen.

Mitten auf dem Couchtisch, nicht zu übersehen, steht ein Silbertablett mit verschiedenen Zigarettensorten, damit die Gäste wählen können. Der Vater raucht Ernte 23 oder Overstolz, dazu kommen Juno und Stuyvesant. Die Mutter raucht nicht. Die Zigarettenpäckchen werden kurz vor dem Eintreffen der Gäste geöffnet und eine Zigarette einladend hervorgezuppelt. Für jeden Gast gibt es, passend zum Tablett, einen eigenen kleinen silbernen Aschenbecher, damit die Gäste bequem abaschen können.

Als Letztes werden die Sitzgelegenheiten zusammengestellt. Da das große Sofa mit den dazugehörenden Sesseln für die geladene Gesellschaft meist nicht ausreichen, müssen weitere Sitzmöbel herbeigeschafft werden. Weitblickend hat die Mutter beim Kauf der neuen Couchgarnitur die Sessel der alten behalten und kann diese nun nach Bedarf dazustellen.

Die Gäste kommen pünktlich, immer. Ist zu 20 Uhr eingeladen, kommen die ersten kurz vor der vollen Stunde und die letzten höchstens fünf Minuten später. Das Kind darf die Tür aufmachen und die für die Kinder mitgebrachten Süßigkeiten in Empfang nehmen, mal eine Tafel Schokolade, mal Katzenzungen, mal Haribokonfekt. Geteilt wird die Beute am nächsten Tag mit den kleinen Schwestern, die bei der Ankunft der Gäste schon im Bett liegen oder zumindest dort sein sollten. Oft aber liegen sie oben am Treppenabsatz auf der Lauer. Ihr leises Kichern geht im lauten Begrüßungszeremoniell unter.

Die Mutter bekommt meist einen Blumenstrauß, Nelken mit Schleierkraut und Asparagus in einer durchsichtigen Folie. Die rosa, roten und weißen Nelken mag das Kind nicht, aber den Asparagus. Er sieht so zart aus und fühlt sich, wenn man ihn vorsichtig mit den Fingerspitzen berührt, weich an.

Wenn sich die Gäste lautstark redend und lachend in der Diele verabschieden, wacht das Kind auf. Nachdem hinter dem Letzten die Tür ins Schloss gefallen ist, dringt noch das Klirren von Gläsern und leeren Weinflaschen nach oben. Die Mutter räumt auf.

Egal, wie spät es am Abend geworden ist, am nächsten Morgen tönt schon früh wieder leises Geklapper aus der Küche. Die Mutter bereitet das Frühstück vor. Um 9 Uhr geht die ganze Familie pünktlich zum Gottesdienst in die Kirche.

Spruchreif

Tu Gutes und rede drüber.

Der liebe Gott sieht alles.

Du sollst kein falsches Zeugnis geben wider deinen
Nächsten.

Was du nicht willst, das man dir tu,
das füg auch keinem andern zu.

Wenn du den wahren Charakter eines Menschen
erkennen willst, dann gib ihm Macht.
(A. Lincoln)

Aber hier, wie überhaupt, kommt es anders,
als man glaubt.
(W. Busch)

Glaube denen, die die Wahrheit suchen, und zweifle
an denen, die sie gefunden haben.
(A. Gide)

Kein Mensch muss müssen! Man ist niemandem in
der Welt etwas schuldig, als sich selber.
(G. E. Lessing)

Es gibt nichts Gutes, außer: Man tut es.
(E. Kästner)

Indem man über andere schlecht redet,
macht man sich selbst nicht besser.
(Konfuzius)

Ehre sei Gott in der Höhe

Friede den Menschen auf Erden.

Alle Jahre wieder am Heiligen Abend dasselbe Ritual. Vier Kinder in langen weißen Gewändern mit Goldlitze an Kragen und Saum. Die Mütter haben sie aus alten, ausrangierten Bettlaken genäht. Drei Kinder haben Engelsflügel aus Pappe, die mit Goldpapier überklebt und am Rücken mit weißem Schlüpfergummi an den Schultern festgebunden sind. Jedes der drei Kinder trägt eine Kerze in der Hand. Das vierte Kind, das jüngste und kleinste, hat keine Goldpapierflügel, trägt keine Kerze, sondern einen Heiligenschein. Das vierte und kleinste Kind ist das Jesuskind.

Die beflügelten Gewänder werden jedes Jahr verlängert und mit einer weiteren Goldlitze versehen, die die Saumkante kaschieren soll.

Angeführt von einer Nonne mit freundlichem Mondgesicht marschieren die Kinder von Station zu Station des kleinen Kreiskrankenhauses, betreten ein Zimmer nach dem anderen, in denen die Kranken liegen, und sagen ihren Spruch auf. Ehre sei Gott in der Höhe und Frieden den Menschen auf Erden. Das Jesuskind macht dann jedes Mal eine segnende Geste. Jeder Kranke bekommt einen Weihnachtsteller mit Süßigkeiten, Nüssen und einer Mandarine, überreicht von den Engelchen.

Manche Kranke haben glänzende Augen, ob vor Freude oder Rührung bleibt unbestimmt, manchen laufen die Tränen über die Wangen. Einige drehen sich auch ab. Ob sie weinen, kann man nicht erkennen. Manche bedanken sich für Teller und Segenswünsche, manche nicken nur stumm.

Auch wenn das Krankenhaus nur ein kleines Krankenhaus ist, dauert die Bescherung in der Regel doch mindestens eine Stunde. Eine Stunde treppauf, treppab, einen Gang entlang und wieder eine Tür und noch eine Tür. Mit frischer und fröhlicher Stimme sagen die Kinder ihren Spruch auf, Ehre sei Gott in der Höhe und Frieden den Menschen auf Erden. Dass manche Kranke weinen, ist den Kindern ein Ansporn. Weihnachten ist das Fest der Freude. Da bekommt man Geschenke, der Weihnachtsbaum leuchtet im Glanz der Kerzen, der sich auch in den Christbaumkugeln spiegelt, das Lametta rieselt sanft von den duftenden Zweigen. Die Stimmung ist feierlich, fröhlich. O du fröhliche, o du selige, gnadenbringende Weihnachtszeit wird deshalb auch immer unter dem Weihnachtsbaum gesungen.

Die Stimmung im Krankenhaus ist nicht feierlich, nicht fröhlich, sie ist eher traurig, bedrückt, obwohl auf jeder Etage ein bunt geschmückter Weihnachtsbaum mit elektrischen Kerzen versucht, weihnachtliche Stimmung zu verbreiten. Wer möchte schon Weihnachten krank sein und dann noch im Krankenhaus liegen? Die Kinder sollen die frohe Botschaft von Weihnachten vermitteln und ein wenig Freude und Trost in die Krankenzimmer tragen. So hat es die Nonne ihnen gesagt.

Die Kinder fühlen sich stolz, ein wenig erhaben ob der Aufgabe, die ihnen anvertraut wurde. Wenn sie die Krankenzimmer betreten, fühlen sie sich fast wie die Engel, die sie darstellen. Dennoch sind sie jedes Mal froh, wenn der Rundgang vorbei ist, sie aus ihren weiten, weißen Gewändern schlüpfen und wieder sie selbst sein dürfen. Jedes Jahr dasselbe. So war es immer. Doch dieses Jahr ist es anders.

Wie jedes Jahr marschieren die Kinder hinter der ihnen vorauseilenden Nonne her, von Station zu Station, von Zimmer zu Zimmer, sagen ihren Spruch auf, Ehre sei Gott in der Höhe und Frieden den Menschen auf Erden. Das Ritual ist wie in den vergangenen Jahren. Doch sind die Schritte der Kinder nicht so beschwingt wie sonst, die Stimmen klingen nicht so fröhlich und frisch, sondern matt und müde, das feierliche Gefühl ist einer leisen Beklemmung gewichen.

Wie kommt es, dass die Kinder in diesem Jahr die sonst so freudig erfüllte Aufgabe als Last empfinden?

Liegt es an den Gewändern, die trotz mehrfacher Verlängerung nun endgültig zu kurz geworden sind? Liegt es daran, dass diesmal nicht die freundliche mondgesichtige Nonne vorauseilt, sondern eine mit harten, strengen Gesichtszügen und einer Stimme, die das Befehlen gewohnt zu sein scheint, die ständig zur Eile treibt und Wert darauf legt, dass die Kinder laut und deutlich sprechen?

Liegt es daran, dass die Kinder älter geworden, ihrem naiven Kinderglauben entwachsen sind, dass sie sich nicht mehr als Engelchen fühlen? Liegt es daran, dass jedes Jahr aufs Neue die Kranken weinen, manche auch zornig werden?

Und dann passiert, was in all den Jahren zuvor nie passiert ist: Der Rundgang ist schon fast beendet, nur noch ein Einzelzimmer muss besucht werden. Ein Engelchen trägt den Weihnachtsteller in den Händen vor sich her. Die Nonne öffnet die Tür, das Jesuskind betritt als Erstes das Krankenzimmer, dann das Kind mit dem Weihnachtsteller. Aus Unachtsamkeit bleibt es mit dem weiten Ärmel an der Türklinke hängen, der Teller gerät in Schieflage, die Süßigkeiten und das Gebäck purzeln zu Boden, das Gebäck zerbröselt, die Nüsse rollen unter das Bett. Die Kinder erstarren vor Schreck.

Die Nonne schimpft das Kind aus. Das Kind beginnt zu weinen. Die anderen Kinder kriechen auf dem Boden herum und sammeln eilig und verschämt die Nüsse und die zerbrochenen Weihnachtsplätzchen ein. Schauen nicht auf. Verschließen die Ohren vor dem Gezeter der Nonne.

Dann, ganz unerwartet, beginnt eine Stimme zu singen, sie kommt vom Bett des Kranken. O du fröhliche, o du selige ... erst leise und zaghaft, dann mit fester Stimme. O du fröhliche, o du selige, gnadenbringende Weihnachtszeit, Welt ging verloren ... Die Kinder fallen mit ein, das Lied kennen sie auswendig.

Zuletzt singen sie alle zusammen, mit dem Kranken, alle drei Strophen des Liedes. Als das Lied zu Ende ist, wünschen die Engelchen fröhliche Weihnachten, während das Jesuskind seinen Segen dazu gibt.

Dass sie bei einem Sterbenden waren, erfahren die Kinder nicht. Aber im darauffolgenden Jahr gibt es keine Engelchen mehr, keine Rundgänge, kein Ehre sei Gott in der Höhe.

Im darauffolgenden Jahr verteilen die Stationsschwestern die Weihnachtsteller gleichzeitig mit dem Abendbrot.

Geheimnisse

Die Verwandtschaft des Vaters ist groß, er hat nicht nur sieben Schwestern und einen Bruder, sondern auch eine Vielzahl von Cousins und Cousinen und Onkeln und Tanten. Früher hatte man viele Kinder. Das kann man auf den Familienfotos erkennen. Auf einem zählt das Kind vierzehn Geschwister. Daher also die riesige Verwandtschaft. Wenn die auch alle wieder Kinder bekommen haben.

Viele aus der näheren Verwandtschaft wohnen weiter weg, manche ganz nah, im Nachbarort. Das Kind liebt die Verwandtenbesuche. So viel gibt es immer zu entdecken, vor allem bei der bäuerlichen Verwandtschaft. Auf dem Bauernhof von Onkel Franz und Tante Adelheid ist immer etwas los. Der Onkel hat zwei Söhne, die etwas älter sind und schon Trecker fahren dürfen. Im Trecker mitzufahren ist das Größte. Dieses riesige Fahrzeug, auf das man nur mit Mühe hinaufklettern kann, der Lärm des Motors, das Vibrieren des Gehäuses und dann der Blick von hoch oben über die Felder, im Winter braun oder weiß, im Sommer grün oder gelb. So einen tollen Blick hat man im PKW der Eltern nicht.

Einmal hat gerade eine Katze gejungt. Vorher war sie mit dickem Bauch immer um das Haus herumgeschlichen, ließ sich gern streicheln, und plötzlich – ist sie verschwunden. Das machen Katzen immer so, beruhigt der Onkel. Wenn ihr das nächste Mal kommt, wird sie euch ihre Kleinen sicher stolz präsentieren. Und so ist es auch. Die beiden Kätzchen, die das Kind beim nächsten Besuch zu Gesicht bekommt, sind zu niedlich mit ihren winzigen Mäulchen und der zart rosa Zunge, die eine Katze mit einer weißen

Schwanzspitze, mit weißen Pfötchen die andere. Dass die Mutterkatze insgesamt fünf Junge bekommen hat, aber nur zwei überleben durften, verschweigen die Erwachsenen. Das Kind spielt selig mit den kleinen Wollknäueln. Der fragende Blick zu den Eltern wird gleich mit einem Kopfschütteln quittiert. Nein, auf keinen Fall. Wir wollen keine Haustiere. Das Kind ist nicht wirklich enttäuscht, da es mit dieser Ablehnung schon gerechnet hat. Aber versuchen, versuchen kann man es ja mal. Groß ist allerdings die Empörung, als das Kind vom Vetter erfährt, dass man die überzähligen Kätzchen ertränkt hat. Das muss sein, sonst gibt es zu viele von denen, erklärt er der verstörten Cousine.

Manchmal kommen Menschen zu Besuch, von denen es heißt, das ist der Onkel Hubert, der wohnt in M, das ist die Tante Mia, die ist mit dem Onkel Heinrich verheiratet und der hat einen Hof in H. Und deren Kinder sind deine Cousins und Cousinen.

Auf Beerdigungen in der Verwandtschaft, zu denen die Kinder ab und zu mitgenommen werden, hat man den Eindruck, als handle es sich um ein fröhliches Familientreffen. Ach, so groß sind deine schon. Unsere Ulla, ja, die hatte auch eine schwere Geburt. Aber jetzt ist er unser kleiner Sonnenschein. Da hinten läuft er. Und die Große geht auch schon in die Schule. Sie macht sich gut. Komm doch mal her, zur Oma. Schau mal, hier sind lauter Cousinen von dir. Dem Kind schwirrt nach so einem Vorstellungsmarathon der Kopf, und hätte man ihm die neuen Cousins und Cousinen am nächsten Tag noch einmal gezeigt, es ist nicht sicher, ob es sie wiedererkannt hätte.

Die meisten auf diese Weise vorgestellten Verwandten sind dem Kind jedoch egal. Sie tauchen ein-, zweimal auf und verschwinden dann wieder, aus dem Blickfeld, aus der Erinnerung.

Dagegen interessiert sich das Kind sehr für die Verwandtschaft in der Nähe. Schon das Haus, eine alte Villa, ist voller Geheimnisse. Es gibt einen Hauptabgang, der mit breiten Stufen von der großen Diele aus in den Keller führt, und einen Nebenabgang von der Küche aus. Das ist nur eine steile Stiege, für das Personal, das man früher hatte. Klettert man die Stiege hinunter, kommt man als Erstes in einen großen dunklen Flur, über den quer eine Wäscheleine gespannt ist, auf der aber nie Wäsche zum Trocknen hängt. Dafür ist der Waschkeller da. An dieser Wäscheleine baumelt, an einem Bügel aufgehängt, ein langer, schwerer, mottenzerfressener Pelz.

Auf seiner allerersten Entdeckungstour, von der die Eltern nie etwas erfahren durften, war es doch strikt verboten, in den Keller zu gehen, hatte dieser Pelz das Kind fast zu Tode erschreckt. Beleuchtet von einer einzigen Lampe, die nur funzeliges Licht spendete, und aufgeplustert vom schlechten Gewissen des Kindes, hatte der Pelz im ersten Moment des Schreckens auf das Kind wie ein haariges Ungeheuer gewirkt. Es war nach oben geflohen in die Helle, in den Garten, hatte sich aber später, diesmal gewappnet, noch einmal hinabgetraut und dann den Pelz in seiner ganzen Schäbigkeit in Augenschein genommen.

Besonders ist auch die große Diele, in die nur wenig Tageslicht durch die bunten Glasfenster fällt, sodass sie immer in ein geheimnisvolles Dämmerlicht getaucht zu sein scheint. Verstärkt wird dieser Eindruck durch die Tiffanylampen, die im Treppenaufgang zum ersten Stock tags wie nachts, sommers wie winters brennen und nur spärlich Licht geben. Merkwürdig an dem Haus ist, dass es sozusagen zwischen dem Erdgeschoss und dem 1. Stock eine Zwischenetage gibt mit einem großen, aber stets abgedunkelten Zimmer. Dass die betagte Großtante kein Licht brauchte, da sie blind war, versteht das Kind erst, als es größer ist. Geredet wird darüber nicht.

Wunderschön, weil hell, Licht durchflutet, findet das Kind das Erkerzimmer im 1. Stock. Es ist luftig, geräumig, geschmackvoll, sparsam möbliert. Dieses Zimmer darf man aber nur selten betreten, nur dann, wenn der Onkel, der dort wohnt, nicht zu Hause ist.

Wer dieser Onkel ist, weiß das Kind nicht. Es hat ihn nie gesehen. Er kommt nie aus seinem Zimmer heraus, wenn er da ist, beteiligt sich weder an den trägen Sommernachmittagsgesprächen im Garten bei Kaffee und Kuchen, noch in der kalten Jahreszeit an den oft hitzigen Diskussionen im Wintergarten, der mit dicken Teppichen und verschnörkelten Möbeln ausgestattet ist. Das Kind weiß nur, er ist mit einer der Tanten, die in diesem Haus wohnen, verheiratet. Der Onkel ist krank und muss oft zur Kur, heißt es.

Dieses Geheimnis lässt dem Kind keine Ruhe. Und dann findet es heraus: Der Onkel ist in der Irrenanstalt. Nervenheilanstalt, korrigiert die Mutter, als das Kind sie danach fragt, und verbietet dem Kind, mit wem auch immer darüber zu sprechen. Schlimm genug, dass du das weißt. Das ist nichts für Kinder und im Übrigen eine Katastrophe für die arme Tante. Darüber spricht man nicht.

In dem Haus leben mehrere Generationen: Die uralte blinde Großtante, die die Mutter der beiden Tanten ist, die Kinder der Tanten, jede hat eine Tochter, und ein Großonkel. Der ist der einzige Mann im Haus, wenn der Mann der Tante wieder zur Kur ist. Der Großonkel lebt sehr zurückgezogen unten in der großen Bibliothek gleich neben dem Wintergarten. Dieser Onkel hat ein merkwürdiges Gesicht mit einem roten dicken Fleck auf einer Wange, der nach jedem Besuch wieder größer geworden zu sein scheint und der ihm offensichtlich Schmerzen bereitet. Deshalb wohl verkriecht er sich, vermutet das Kind, und weil er sich schämt. Weil ihm der Lärm der Kinder zu viel wird, sagt die Mutter.

Manchmal belauscht das Kind die Erwachsenen und kann sich Dinge zusammenreimen, für die es keine Erklärung hat. Der arme Großonkel hat Hautkrebs im fortgeschrittenen Stadium und die eine Tante hat ein Kind, aber keinen Mann. Aber gesprochen wird darüber höchstens hinter vorgehaltener Hand.

Der Garten, der zum Haus gehört, ist riesig und eignet sich mit seinen vielen verschlungenen Pfaden, Steinmauern und Gebüschen ausgezeichnet zum Versteckspiel. Unbeobachtet von den Blicken der Erwachsenen können die Kinder ihre Spiele spielen, Vatermutterkind, Doktorspiele, Theaterspiele. Manchmal überhören sie, vertieft in ihre Spiele, die Rufe der Eltern, die nach Hause wollen.

Ganz hinten im Garten steht noch ein Haus, ein normales Haus mit Spitzdach, weißem Rauputz und einer kleinen Terrasse. Dort wohnen auch Verwandte, auch ein Cousin des Vaters mit seiner Frau und seinen zwei Kindern, einem Jungen und einem Mädchen. Cousin und Cousine. Nie kommen sie herüber, nie spielen sie mit. Meiden sie den Kontakt? Das Kind fragt. Die Eltern weichen aus und murmeln Unbestimmtes. Darüber spricht man nicht. Das geht euch nichts an. – Die Tante ist Kleptomanin.

Irgendwann werden die Besuche seltener, irgendwann verliert das Kind das Interesse an den Geheimnissen, die irgendwann keine mehr sind. Irgendwann sterben der alte Onkel und die uralte Großtante, irgendwann ist alles ganz normal.

Irgendwann ist das Kind kein Kind mehr.

Cornelia Ertmer, geboren 1953 in Recklinghausen, lebt und schreibt, zumindest zeitweise, in ihrer Wahlheimat Dortmund.

Den Wunsch zu schreiben hatte sie schon früh. Doch ließen ihr die Familie mit drei Kindern und der Beruf als Lehrerin für Deutsch, praktische Philosophie und Darstellen und Gestalten an einer Gesamtschule in OWL wenig Freiraum.

Seit sie im Ruhestand ist, findet sie die Muße, ihre Kreativität im Schreiben zu realisieren.

Die Geschichtensammlung „Der Geschmack von Lebertran" ist ihre erste literarische Veröffentlichung als Autorin. Ein Roman ist in Arbeit.

Der **OCM Verlag** ist ein unabhängiger Verlag im Dortmunder Süden. Wir machen gute und schöne Bücher, jenseits des Mainstreams, mit Autoren aus der Region (andere dürfen aber auch). Dabei sind wir auf kein Genre festgelegt, wir veröffentlichen nur das, was uns gefällt. So vielfältig unsere Bücher auch sind, haben sie alle etwas gemeinsam: Sie wurden mit Herzblut gemacht.

OCM Der Verlag | Sölder Straße 152 | 44289 Dortmund

Lesungstermine, Leseproben und Podcasts finden Sie auf unserer Homepage www.ocm-verlag.de